Considering Contemporary Japan:
A View of Public Economics

奥野信宏
Okuno Nobuhiro + Yagi Tadashi + Ogawa Hikaru
＋八木 匡＋小川 光［編著］

公共経済学で日本を考える

中央経済社

はしがき

　公共経済学の基本的考え方は，市場が十全に機能しない状況を捉え，その本質的理由を分析し，政府による経済への介入のあり方を示すことにある。本書では，このような考え方の下で，現代社会が直面している様々な課題に対して，可能な限り問題の所在を本質的なレベルまで突き詰め，有効な政策を提示すべく分析と議論を行っている。本書では，公共経済学に立脚しながら，我が国が直面する諸課題に対する公共政策の在り方を考えるために，3つの視点からアプローチする。

　第1の視点は，第Ⅰ部で扱っているマクロ的アプローチである。マクロ的経済変動に大きな影響を与える要因の中でも，財政・公共経済学的分析が重要と考えられる，出生率問題，教育政策，国債管理政策，公共投資政策について分析と政策提言を行う。マクロ的アプローチの基本的な考え方は，個人または家計の行動をモデル化した後，政府の政策がどのように個人または家計の行動を変化させ，それがマクロ均衡にどのように影響を与えるかを分析するアプローチである。政府の政策が，個人または家計の行動に影響を与え，マクロ均衡に影響を与えるメカニズムの中で重要な役割を果たすのが，利子率および賃金率といった要素価格である。公共経済学的アプローチの有効な点は，政策変更がどのようなメカニズムでマクロ市場均衡の変化をもたらすかを明確化できる点にあると言えよう。

　第2の視点は経済のグローバル化である。経済のグローバル化の本質は，国境を越えた生産要素の移動性が高まることによる，要素価格のグローバルなレベルでの均等化にあると言えよう。この要素価格均等化のメカニズムの裏には，グローバルな競争の存在がある。第Ⅱ部では，グローバルな競争の現代的課題に焦点を当て，詳細な分析を行うと共に，その政策的含意を議論していく。本書で取り上げるテーマに見られるように，グローバルな競争には，競争によって社会的に望ましい均衡をもたらすとは限らない問題が存在

している。このような問題に対しては，一国が単独で政策を施行しても有効ではなく，国際的な協調行動が求められる。このような点に焦点を当てて，論考を進めていく。

　第3の視点は，都市と地方である。第Ⅲ部では，経済がグローバル化していく中でも，日々の生活の単位は家族であり，その集合体である地域社会であり続けている点に着目する。地方自治という行政制度を基盤に地方財政制度が作られており，このような制度体系の下で，地域行政サービスが提供されている。この問題においても，地域間競争という競争状態が存在しており，財政制度を中心とした制度設計のあり方によって，競争環境が変化することになる。本書では，都市と地方という側面に焦点を当て，この問題を考察していく。

　終章では，これからの公共政策について，「共感」概念を中心におきながら，論考を進めている。「共感」は，経済学の領域においては21世紀に入った後に注目されはじめた概念である。しかしながら，「共感」概念に近い「同感」の理論は，経済学の父と呼ばれるアダム・スミスによってすでに18世紀の中頃に提示されている。スミスは，『諸国民の富』が出版された1776年より17年前に遡る1759年に『道徳感情論』の第1版を出版しており，1790年に亡くなる直前に出版した第6版まで版を改訂し続けている。人間に生来的に備わっている共感能力は，社会の安定的発展にとって不可欠なものであり，この共感能力の本質を的確に認識し，社会の発展に活かしていくための政策を立案していくことがこれからの公共政策において重要であると認識している。このことにより，これまでの公共政策の概念から大きく発展した新しい公共の概念を提示できるものと考えている。

＊　　　＊　　　＊

　本書は，奥野信宏教授（梅村学園学術顧問）が名古屋大学において教鞭を執った時代に薫陶を受けた研究者によって執筆されている。奥野先生からは，公共経済学に関する学術的手法と考え方に関して多くのことを学んだだけでなく，社会の本質を見抜く目を養わせて頂いたと考えている。理論分析は，社会の構造を捉える上で大変に有効な手法であり，論理の抽象性を高めるこ

とによって，本質的構造を明らかにできることをお教え頂いた。しかし，社会の本質的構造を考える前提として，人間性に対する理解を深めることの重要性をお教え頂いたことは，研究者としての資質を高める上で，大変に貴重であったと感じている。このような師の教えが少しでも本書に滲み出ているのであれば，若干なりとも師への報恩となるのではと願っている。

　本書執筆にあたっては2013年度から奥野教授を中心に公共経済研究会を開催し，各自の研究発表に対する議論を通じて成果の一部を取りまとめる形をとっている。この研究会には本書を執筆した者以外にも黒田達朗氏（名古屋大学），大城純男氏（名古屋市市政資料館），林明信氏（大阪経済大学），村田美希氏（追手門学院大学），焼田紗氏（長崎外国語大学），上口晃氏（北星学園大学）が出席し，本書の内容についてのコメントや示唆を与えてくれた。彼ら，彼女らの貢献に感謝したい。

　また，本書をまとめるにあたっては，中央経済社の納見伸之氏にお世話になった。幅広い領域の原稿に丁寧に目を通していただいただき，出版に向けて大きな貢献をしていただいた。記して感謝を申し上げたい。

　2017年1月

　　　　　　　　　　　　　　　　　　　　　　　　　　　　編　者

■これからの公共政策

目　次

はしがき

第Ⅰ部　少子社会のマクロ経済と公共政策

第1章　子育て政策
―出生率反転と男女間賃金格差是正に向けて―

1　先進国における出生率の動き　　2
2　出生率の反転をどう説明するか　　4
　2.1　政策と社会の姿勢　　4
　2.2　女性の賃金水準　　5
　2.3　女性の相対賃金率上昇の出生行動に対する影響　　7
3　育児サービスの需給　　8
　3.1　育児サービスの需要　　8
　3.2　育児サービスの供給　　9
4　経済成長と男女間賃金格差及び出生率　　10
　4.1　経済成長は男女間賃金格差を縮小させる　　10
　4.2　賃金上昇による出生数の増加と育児サービス市場　　11
　4.3　女性の市場労働と育児　　12
5　育児政策の効果：出生率と男女間賃金格差への影響　　13

第2章　公教育政策
―出生率回復のための教育改革―

1　子どもの数―理想と現実― ―――――――――――――― 17
2　親世代の行動と子どもの数 ―――――――――――――― 18
　2.1　世代のつながりをモデル化する　18
　2.2　親の選択は政策変更によってどのような影響を受けるのか　22
3　養育・教育費用と出生選択の関係 ―――――――――――― 23
　3.1　教育にはいくらの費用がかかるのか　23
　3.2　教育費用が子どもを持つことの障害になっているか　25
4　少子社会での教育改革 ――――――――――――――――― 26

第3章　国債管理政策
―財政・経済・人口の持続可能性のために―

1　日本の現状 ――――――――――――――――――――― 31
2　経済学の考え方 ――――――――――――――――――― 33
　2.1　経済成長　33
　2.2　出生率　36
　2.3　技術進歩　37
　2.4　国債　38
3　経済・人口・財政の持続可能性をモデル化する ――――――― 40
　3.1　モデル　40
　3.2　短期分析：成長率と出生率　41
　3.3　長期分析：国債残高　43
4　財政規律の意義 ――――――――――――――――――― 44

第4章　公共投資政策
　　　　　―厚生を高める社会資本整備のあり方―

1　日本の社会資本の現状 ─────────────────── 47
2　社会資本の経済理論 ──────────────────── 51
　2.1　最適な社会資本整備　51
　2.2　最適政策の図解と拡張分析　54
3　日本における社会資本整備の課題 ─────────────── 57
　3.1　財政制約　57
　3.2　自然災害　59
4　今後の社会資本整備のあり方 ──────────────── 60

第Ⅱ部　経済のグローバル化と公共政策

第5章　税務行政
　　　　　―国境を越えた租税回避に対峙する―

1　タックス・ヘイブンは何が問題か ─────────────── 64
2　国際的租税回避が生じる背景 ──────────────── 67
　2.1　どのような国・地域がタックス・ヘイブンになるのか　67
　2.2　企業はどのように租税を回避するのか　68
　2.3　どのような企業が租税回避を行うのか　70
3　対抗措置が機能しない背景 ───────────────── 71
　3.1　情報開示　71
　3.2　租税優遇措置の見直し　72

4 求められる税務行政の姿と新たな課題 ─────────── 73

第6章　排出量取引制度
─排出枠の政治的影響を回避する─

1 どのような政策で温暖化を防止するのか ─────── 77
2 排出量取引の現状と理論 ────────────── 78
　2.1 日本の温室効果ガス排出量　78
　2.2 排出量取引の理論　80
　2.3 排出量取引市場　81
3 政治的要素を取りこんだ排出量取引の理論 ─────── 83
　3.1 排出量取引市場のモデル　83
　3.2 政府による政策決定　84
　3.3 政治的影響と過大な排出枠　86
4 排出量取引枠の政治的影響を回避する ───────── 87
　4.1 グローバル化の影響　87
　4.2 グローバル化は効率性を高めるか　88
5 グローバル化は環境政策を効率化する ───────── 89

第7章　競争力強化の公共政策
─創造経済における価値源泉の創出─

1 創造経済とイノベーション ─────────────── 92
2 イノベーションの力 ────────────────── 93
　2.1 日本のイノベーション力の現状　93
　2.2 イノベーション力の国際的動向　95
　2.3 イノベーションとコミュニティ　98

3 都市における創造 ―――――――――――――――――――― 100
　3.1 創造都市の概念　100
　3.2 創造都市における価値循環の構造　103
4 価値循環モデルによる創造都市戦略の検証 ――――――――― 108

第8章　地域政策
―小さな地域の優位性を発揮する―

1 小さな地域は生き残れるか：現状と課題 ――――――――――― 111
2 小さな地域の優位性：租税競争アプローチ ――――――――――― 113
　2.1 地域間の競争をモデル化する　113
　2.2 競争の行き着く先　115
　2.3 小さな地域が優位性を発揮するための条件　117
3 グローバル化と小さな地域の維持：新政治地理学アプローチ ―― 118
　3.1 地域の過剰分離　118
　3.2 グローバル化の影響　122
4 小さな地域が生き残るために ―――――――――――――――― 124

第Ⅲ部　都市と地方の公共政策

第9章　ユニバーサル・サービス政策
―地域間公平性と効率性の両立―

1 選別主義と普遍主義 ――――――――――――――――――― 128
2 ユニバーサル・サービスに関する諸議論 ――――――――――― 130
　2.1 ユニバーサル・サービスとは　130

2.2　ユニバーサル・サービスに関する先行研究　132
　3　混合寡占におけるユニバーサル・サービス制約─────133
　　3.1　議論の前提　133
　　3.2　固定費用が市場構造に与える影響　134
　　3.3　効率的なユニバーサル・サービスは実現可能か？　136
　4　効率性と公平性：バランスの良い議論を目指して─────138

第10章　地域コミュニティ政策
―市場・行政との連携―

　1　地域コミュニティにおける地縁団体─────140
　2　町内会とは─────141
　　2.1　町内会の変遷　141
　　2.2　町内会の現状　142
　　2.3　町内会の課題　144
　3　地域コミュニティの経済学─────146
　　3.1　公共財供給としての町内会の活動　146
　　3.2　公共財の自発的供給理論のエッセンス　147
　4　地域コミュニティを活性化させるために─────149
　　4.1　地域コミュニティ内部における対策　149
　　4.2　行政による外部からの支援　152

第11章　ふるさと納税
―新たな寄付税制による地域活性化―

　1　ふるさと納税─────154
　2　制度創設の経緯と「ふるさと納税」が目指したもの─────157

 2.1 「ふるさと納税制度」の意義 157
 2.2 ふるさとの大切さ 158
3 ふるさと納税制度の問題点―――――――――――――――――159
 3.1 望ましい地方税のための原則に抵触 160
 3.2 地方交付税特別会計の財源不足を増大 161
 3.3 寄付を求めての返礼品競争の激化 162
 3.4 負担を伴わない「寄付」は寄付の理念に反する 163
 3.5 地方団体への寄付とその他の団体への寄付との間での不平等 163
4 「ふるさと納税」制度による受益と負担―――――――――――165
5 寄付金税制のあるべき姿――――――――――――――――――168

第12章 産学官連携
―商品開発を通した地域活性化―

1 地域ブランド化と連携の重要性――――――――――――――171
2 川場村の地域活性化の取組み―――――――――――――――174
 2.1 川場村と田園プラザ 174
 2.2 「雪ほたか」のブランド化 175
3 産学官連携の商品開発―――――――――――――――――――177
 3.1 「雪ほたか」のさらなるブランド化を目指して 177
 3.2 「雪ぽんクランチ」の開発 179
 3.3 話題性と学生の強みを活かす 180
4 川場村によるその後の展開――――――――――――――――182
 4.1 「雪ほたか」 182
 4.2 農産物のブランド化と6次産業化 183
 4.3 田園プラザ 184
5 地域ブランド化と大学の役割―――――――――――――――184

終章　日本社会における「共感」と市場経済

1　はじめに ———————————————————— 189
2　市場経済への信頼と変動 ——————————————— 190
　　市場経済の評価　190
　　市場経済への信頼の高まりと不安　191
　　同感と共感　192
3　社会サイドの役割 ———————————————————— 193
　　市場と行政を支える社会サイド　193
　　競争市場の原理　194
　　市場経済におけるひとの繋がりへの関心　195
　　市場経済における「社会サイド」の価値　196
4　住民・市民が担う公共 —————————————————— 197
　　地域社会が担った「公共」　197
　　企業一家も弱体化　198
　　頼り切れない行政　199
5　普通の市民が担う「公共」 ———————————————— 200
　　行政依存への反省　200
　　社会で満たされないもの　201
　　市民による「公」の復活への期待　201
6　経済政策と共感 ————————————————————— 203
7　おわりに ———————————————————————— 205

文献紹介　一歩進んで考えるために　207

索　引　213

第Ⅰ部

少子社会の
マクロ経済と公共政策

第1章

子育て政策
―出生率反転と男女間賃金格差是正に向けて―

1 先進国における出生率の動き

　多くの先進国において，女性が一生の間に生む子どもの数とされる**合計特殊出生率**は1970年代までは経済発展に伴って低下していたのに対し，2000年代に入ってからはそれらの関係が逆転し始めていることが示されている。

　例えば，ペンシルバニア大学のミルスカイラ教授らは，100カ国以上の長期データをもとに，それらの変化を科学雑誌『Nature』で明らかにしている（Myrskylä et al. [2009]）。**図表1-1**の縦軸は合計特殊出生率（total fertility rate）であり，横軸は健康状態，生活水準あるいは人的資本などを集計した指標である人的発展指標（human development index）が測られている。この図からは，ある段階を過ぎると，さらなる経済発展に伴って合計特殊出生率が上昇し始めることが示唆される。

　このような合計特殊出生率の動きは一人当たりGDPとの関係でも見ることができる。つまり，1970年代には一人当たりGDPが増えるにつれて合計特殊出生率が低下し，現在の人口規模を維持するのに必要な出生率（2.07程度といわれている）を下回るようになっていたのが，2000年代には，逆に一人当たりGDPが上がるにつれて合計特殊出生率も上向きに方向が変わり，人口規模の維持可能水準に向かって上昇し始める傾向が認められるのである。この傾向は，所得がほぼ年々上昇しているとすれば，ある年の国ごとの比較で見ても，ある国の時系列的な動きで見ても当てはまる。

　実際，**図表1-2**に見られるように，アメリカでは合計特殊出生率は2008年には2を超えているし，フランスでも2に近づいている。図にはないが，

第1章 子育て政策―出生率反転と男女間賃金格差是正に向けて― 3

▶図表1-1 経済発展と合計特殊出生率の関係の変化

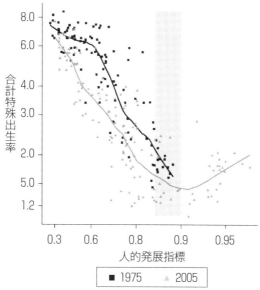

注：座標軸の翻訳は著者による。
出所：Reprinted by permission from Macmillan Publishers Ltd. Nature Vol.460, p.741, Figure 1, 6 August 2009, copyright 2009.

▶図表1-2 合計特殊出生率の推移 （G7）

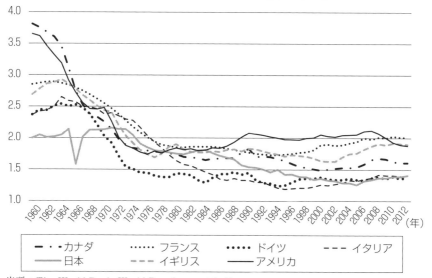

出所：The World Bank: World Development Indicators.

スウェーデンやオーストラリアでも2に近づいている。これに対して，日本，イタリアそしてドイツの合計特殊出生率は，最近はやや上向きに転じてはいるが，人口規模の維持可能水準に比べて大幅に低い水準にとどまっていることが示されている。このような状況は「出生率の2極化」といわれることがある。

本章では，このような出生率の変化の要因を経済発展とりわけ女性賃金率の相対的変化と関連させて検討していくことにしよう。

2　出生率の反転をどう説明するか

2.1　政策と社会の姿勢

先進諸国についてみられるこのような合計特殊出生率の方向転換（リバウンド）を説明する議論として最も有力なのは育児にかかわる様々な政策の効果である。

例えば，ダートマス大学のフェイラー教授らは先進諸国での家庭・家族に対する公共政策がこのようなリバウンドに大きな影響を与えたことを指摘している（Feyrer et al. [2008]）。日本でも1990年代半ばからエンゼルプラン，新エンゼルプラン等によって出生率の上昇が企図されたが，これらの政策について日本ではそれほど効果が上がったとはいえないように思われる。

このような日本での政策結果については様々な原因が考えられるだろうが，経済的な理由だけでなく，それ以外にポツダム大学のボルック教授が強調しているように，働く女性や働く母親に対する社会的な評価・姿勢が影響していることも考えられる（Borck [2014]））。

例えば，内閣府「男女共同参画社会に関する世論調査（2012年10月）」によれば，「夫は外で働き，妻は家庭を守るべきである」という考え方について，賛成およびどちらかといえば賛成と答えた割合は1992年60.1%，2002年56.9%，2012年51.6%と低下してはいるが，依然として高い。比較は難しいが，図表1-3に示されているように，実際の日本の30歳代（およびそれ以降

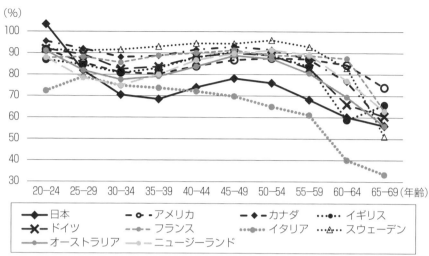

▶ 図表1-3　労働力参加率：男女比率　（2011年）

出所：独立行政法人労働政策・研修機構『データブック国際労働比較2012』。

の）女性の就業率が多くの西欧諸国に比べて低くなっていることに反映されている可能性は高い。ただし，女性の就業率と出生率の間にそれほど明確な関係がないことにも注意が必要である。

2.2　女性の賃金水準

他方で，最近，オーストラリア国立大学のデイ教授が日本で出生率のリバウンドが生じてこなかったのは，女性の賃金率が男性の賃金率に比べて低いままであることに関連していると議論していることが注目される（Day[2012]）。つまり，もし女性の賃金率が上昇すると，家計の所得上昇とそれに伴う保育サービスの価格上昇はより小さく，女性が賃金を稼いで育児サービスを購入することでより多くの子どもを育てるようになる可能性がある。

女性の賃金率が低いことは，女性が労働市場に働きに出ないで家庭で育児をした場合に失うもの，つまり家庭の外に働きに出て稼ぐことができたであろう賃金所得を消費に充てて得られる満足（効用）が，家庭で育児をして得られる満足より相対的に小さいことを意味する。育児のために家庭内にとどまる代わりにその時間だけ家庭外で働けば稼げたであろう所得を逸失所得と

▶ 図表 1 - 4　男女間所定内給与格差の推移　（男性の所定内給与額＝100）

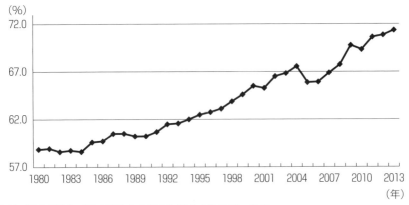

出所：厚生労働省『賃金構造基本調査』所定内給与額の推移。

いい，経済学では育児の「機会費用」の大きさに対応すると考える。したがって，労働市場で働かないで家庭で子どもを育てる費用は，育児のための財・サービス購入費用にこの機会費用を加えた合計額と考えることができる。

　多くのカップルが不妊治療を受けていることからも推測できるように，通常の場合，子どもを持つことは両親にとって喜びであり，子育ての費用に比べてこの喜びが大きければ子どもをもうけようとする。これは，ノーベル賞経済学者のベッカー教授の教えるところである。育児の費用は低ければ低いほど両親にとっては望ましいし，機会費用に対応する女性の賃金率が低ければ両親（多くの場合女性）は家で育児をすることを選択する可能性が高い。

　しかし，もし育児サービスが市場から安く買えるとすると，産後の一定期間は別として，両親は子どもをもうけるが，家庭内で自分たちの手でその子どもを育てるよりは，安い育児サービスを市場から購入して，つまり保育所などに子どもを預けて育てる方を選ぶだろう。この場合には，女性の労働参加率と出生率はともに増加することになる。もちろんここでは市場で購入される育児サービスが家庭での育児サービスとほぼ完全に代替的であると仮定している。

2.3 女性の相対賃金率上昇の出生行動に対する影響

日本でも，実際には**図表1－4**に示されるように長期間にわたって**男女間の賃金格差**は縮小してきており，男性の賃金率に比べて相対的に女性の賃金率の上昇が大きかったことがわかる。このような賃金率の動きは合計特殊出生率の時間トレンドに影響を与えてきたと考えられる。

ただ，日本の場合，1980年から2005年にかけて女性の相対賃金が傾向的に上昇しているにもかかわらず，**図表1－2**に見られるように合計特殊出生率は低下傾向にあったこと，他方で，合計特殊出生率の若干のリバウンドが観察できる2005年あたりで賃金格差が低下していることは出生率の決定要因を考える上で興味深い。

さて，ここで女性の相対賃金率の上昇が家計（両親）の行動に与える効果について考えてみよう。そこには，2つの効果が考えられる。

第1は，女性も労働市場で働く場合に生じる，両親の所得が増大する効果である。通常，所得の上昇は両親がもうける子どもの数を増やす方向に働くと考えられる。これは消費財についていわれる「所得効果」に対応している。

第2に，上述のように，賃金率の上昇は家庭での育児の機会費用を上昇させるので，両親は家庭内育児時間を減らして家庭外での労働時間を増やすかもしれない。家庭外労働で得られた所得を相対的に購入費用が低くなった他の財・サービスの消費に回すことができるからである。すなわち，子どもを持つよりも賃金を稼いで財・サービスを消費する方が，子どもを持つことと他の財・サービスを消費することから得られる総体的な満足（効用）が大きくなるのである。

第2の点は，家庭内育児と市場労働の間の「代替効果」に対応している。つまり，両親の子ども数の決定にとって重要なのは，労働サービスの価格としての賃金率（特に女性の賃金率）と両親の合計所得の2つということになる。

3 育児サービスの需給

3.1　育児サービスの需要

　しかし，ここではもう1つの要因として，前述したデイ教授や中京大学の平澤准教授らでも議論された市場での**育児サービス**の利用可能性に注目しなければならない（Hirazawa and Yakita［2009］）。もし，家庭外で育児サービスが供給されない，つまり，育児を家庭外でしてもらえないとすれば，労働時間を増やして賃金所得を増やすことは育児時間を減らすことであり，育児時間を減らすことは子どもの数を減らすことあるいは子どもを持たないことを意味する。

　したがって，両親の選択肢は，子どもの数を減らして賃金所得を増やすか，賃金を得ることをあきらめて家庭内で自分たちでより多くの子どもを育てるかのいずれかとなってしまう。

　これに対して，家庭での育児サービスとほぼ変わらない育児サービスが市場で購入可能であるとすれば，両親にとって，育児サービスを購入して子どもを育てながら労働市場でともに働くという選択肢が利用可能となる。女性の賃金率が十分に高く，市場で育児サービスを相対的に低い価格で購入できるとすれば，両親は育児サービスを購入して，つまり子どもを家庭外に預けて，ともに働いて賃金を稼ぐ方を選択するだろう。もちろん，もし女性が労働市場で働いて得られる賃金率が市場で購入する育児サービスの価格に比べて相対的に低いとすれば，依然として，両親は家庭内での育児を選択することになる。

　他方，デイ教授が示すように，女性の賃金率が上昇して，育児サービスを購入することを選択する両親が増えると，経済全体として育児サービスに対する需要が増加する。もし，政府の規制等で育児サービスの供給が制限されている場合には，需要の一部は満たされないことになる。すなわち育児サービスに対する超過需要の状態である。

　この場合，育児サービスを購入したくても購入できない両親はやむなく市

場で働かずに家庭内で育児をするしかなくなる。これが，いわゆる「待機児童」の問題である。

この状況では，家庭外で働きたくとも働けない女性（場合によっては男性）の不満が残ることになる。もし，育児サービスの市場が完全競争的であるとすれば，育児サービス産業への参入が起こり，需要と供給が等しくなるように価格が調整されるはずである。つまり，待機児童はいなくなる可能性が高い。

3.2 育児サービスの供給

ところで，育児サービスの供給はどのようになされるのであろうか。経済学の文献では多くの場合，労働集約的な財・サービスであると想定される。簡単化のために，労働のみを投入して　育児サービスが生産されるものと仮定しよう。さらに，育児サービス生産において労働者一人当たりが供給できる育児サービス（面倒を見ることができる子どもの数）が一定であると仮定しよう。

このとき，育児サービス生産企業の利潤は育児サービス価格と生産量の積から賃金率と労働者数の積の差で表される。完全競争の下では超過利潤がゼロになるように育児サービス産業に企業の参入・退出が生じるので，市場均衡では追加的な労働者一人当たり育児サービス生産量の価値（追加的に生産される量×サービス価格で表され，この値は限界価値生産物とよばれる）と賃金率（この場合の限界費用である）が等しくなる。

さて，育児サービス産業で働く労働者としてどのような主体を想定するかについては議論がある。例えば，2人のスペイン人経済学者マルチネスとアイザは，アメリカを念頭に置いて，より賃金率の低い（非熟練）労働者であると想定した（Martínez and Iza [2004]）。しかし，現在の日本では，企業等で働く労働者とほぼ同じ能力を持つ労働者と考える方が妥当であろう。ここでは，現実を必ずしも反映しないが，育児サービス産業で働く労働者は女性であると仮定することにする。AERA [2013] によれば，例えば日本では，男性保育士の割合は全体の3.4％程度である。北欧諸国の男性保育士の比率

はこれより高いが，女性の割合よりもかなり低いことが知られている。

ところで，育児サービス企業が女性労働者を雇用するためには，育児サービス以外の消費財生産企業等と同じ賃金率を支払わなければならない。もし育児サービス生産企業がより低い賃金率を提示した場合には，労働者は育児サービス企業ではなく財生産企業で働くことを選択するからである。

したがって，経済全体の女性労働者数が所与であるとすると，それは財生産企業で働く労働者，育児サービス企業で働く労働者そして家庭内で育児に専念する女性に分けられる。もちろん，現実には賃金率格差があるからといって直ちに労働の部門間移動が生じるとは限らないことに注意が必要である。

4　経済成長と男女間賃金格差及び出生率

4.1　経済成長は男女間賃金格差を縮小させる

次に，男女間の賃金格差について考えよう。経済成長論の中で先駆的に男女の区別を議論したブラウン大学のガロア教授とワイル教授に従えば，男性の労働にはメンタルな要素とフィジカルな要素が含まれるのに対し，女性の労働はメンタルな要素のみからなると想定される（Galor and Weil [1996]）。したがって，男性の賃金率はフィジカルな要素に対応する分だけ女性の賃金率よりも高いことになる。

フィジカルな要素の生産性が資本蓄積に依存しないのに対し，メンタルな要素は資本蓄積によって生産性が変化し，資本蓄積が進むとメンタルな要素に対する報酬部分も増加すると仮定される（資本とメンタル労働が技術的に補完的であるという）。つまり，経済成長が資本蓄積・深化を伴うとすれば，男女間の賃金格差は経済成長とともに縮小することになる。ここで，すべての男性は財生産企業でフルタイムで働き，メンタルな要素とフィジカルな要素が不可分に結びついていると仮定している。

4.2 賃金上昇による出生数の増加と育児サービス市場

　経済成長に伴って，財生産における女性賃金率が上昇するとすれば，より多くの女性が財生産企業で働きたいと考えるだろう。また，育児サービス生産企業も女性労働を確保するために自企業の賃金率を財生産企業の賃金率に歩調を合わせて引き上げなければならない。したがって，これによって生じる女性労働需要の増加は，家庭内で育児をする女性の数を減少させるだろう。

　しかし，他方で，両親は，賃金所得の上昇によってより多くの子どもを持ちたいと考え，さらに，可能ならば育児のために市場から育児サービスを購入したいと考えるだろう。そこで，もし，家庭内で自分の子どものために生産する育児サービスよりも育児サービス企業で働いて生産できる育児サービスが大きいならば，このような女性は家庭で働くよりも育児サービス生産企業で働くようになるだろう。つまり，経済全体で生産される育児サービス総量は大きくなる。そこで，結果的に，労働市場で働く女性労働者の増加によって生じる育児サービス需要の増大に見合うサービスが供給される可能性がある。

　このような場合には，経済全体でより多くの育児サービスが利用されることで，子どもの数が増えることになる。つまり出生率は上昇する。そこで，出生率上昇の要件は，以下の２つとなる。

① 労働力化していない女性労働が家庭にあること。
② 家庭内での育児サービス生産よりも育児サービス産業における生産性の方が高いこと。

　後者の条件が，前述したデイ教授によって女性の相対賃金率の上昇が出生率を上昇させるための必要十分条件とされた条件である。

　しかし，女性の能力がほぼ同じで，ほぼすべての女性が既に市場で働いているとすれば，ほとんどの家庭が育児サービスを市場で購入している状況にあり，上記の条件①は成立しない。このとき，さらなる経済成長で女性の相対賃金率が上昇したとしても女性の市場への労働供給は増加しないので，結

果的に育児サービスの価格を上昇させるだけとなる。

　上で仮定したような生産技術と完全競争の下では，育児サービス産業での労働生産性が変化しない限りは，育児サービスの価格上昇は女性の賃金率の上昇と同率である。男性の賃金率上昇は，フィジカルな要素に対する報酬が上昇しなければ，女性の賃金率上昇よりも小さい。したがって賃金格差は縮小する。そこで，両親の合計賃金所得の上昇に比べて，育児サービスの価格が相対的に高くなるので，両親は子どもの数を減らそうとするだろう。つまり，出生率は低下することになる。

　これに対して，先の①と②の要素に加えて，以下の条件が成立するとしよう。

③　女性の相対賃金率上昇が女性の「やる気」を十分に刺激する（逆に男性の「やる気」は低下するかもしれないが）。

　この場合には，育児サービス産業の労働生産性が上昇し，それが十分に大きいとすれば，経済全体の育児サービス供給が増加し，出生率が上昇する可能性もありうることに注意が必要である。この場合には，育児サービス価格が女性賃金率の上昇よりも小さくしか上昇しないので，両親にとっても子どもの育児費用が相対的に小さくなっている。

　このように，女性の相対賃金率の上昇が出生率に与える影響は，理論的には上記の3つの条件のいずれが優勢であるかによってまったく異なる可能性があると考えられるのである。

4.3　女性の市場労働と育児

　さらに，現代経済社会においてもこれまで暗黙のうちに想定してきたように女性が少なくとも男性よりも育児により多くかかわらざるをえない状況にあるとすれば，女性の労働力率が男性よりも低い傾向にある。それゆえ，財生産においてフィジカルな要素の重要性が小さくなっているとしても，男女間の労働経験やそれによる人的資本蓄積の差などによって賃金格差が生じると主張されることもある。つまり，特に年齢の低い子どもに対する家庭外保

育サービスが充実していない場合には，女性の家庭内育児時間が大きくなり，人的資本蓄積が小さくなることで女性の賃金率は低くなる傾向にある。

そして経済成長が職場での労働訓練を通した人的資本蓄積によっている場合には，経済成長とともに賃金格差は拡大する可能性もある。女性がより高い賃金所得を獲得しようとする場合，家庭外で働く時間を増やさなければならないことになり，これは子どもの数を減らす方向に作用する。

5　育児政策の効果：出生率と男女間賃金格差への影響

第2節でも引用したように，育児政策が多くの先進国では効果を持ったことがフェイラー教授らによって指摘されている。しかし，育児政策にかかわる支出が労働世代に対する課税によって調達されるとすれば，資本蓄積を減らし，それが男女の賃金格差に負の影響を与えるかもしれない。とすれば，育児政策は出生率に対しては正の政策効果を持つかもしれないが，男女間賃金格差の解消に対しては負の影響を持つ可能性がある。

▶図表1-5　家庭・家族に対する公的支出の対GDP比率

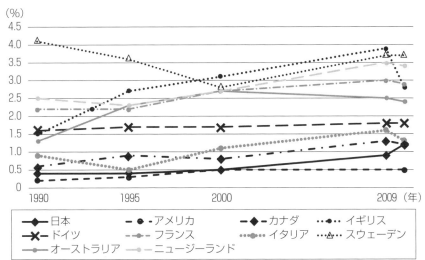

出所：OECDStatistics: Social Expenditure: Public expenditure on family by type of expenditure, in % GDP.

育児あるいは家庭・家族に対しては，スウェーデンのようにかなり以前から様々な政策を通して多くの支出をしてきた国だけでなく，近年では，多くの国がそれら支出を増やしてきている。

いくつかの国々について，家庭・家族に対する支出の対GDP比率の推移を図表1-5に示している。スウェーデン，オーストラリアとアメリカを除けば，特に1990年代後半から，家庭に対する公共支出の対GDP比率は上昇している。特にEUの大陸諸国では，2000年代において対GDP比率でみた公共支出の伸びが大きく，これらが合計特殊出生率を引き上げるのに寄与したことが予想できる。

もちろん，国によって家庭政策の背景・内容は大きく異なっており，金額や支出割合を比較することにはあまり意味がないかもしれないので，国際比較には注意が必要であることはいうまでもない。しかし，例えば，パリ第一大学のルーシー・グルーリッチ教授らはOECD加盟の18カ国について，子ども手当てや3歳児未満の子どもに対する育児サービス供給が育児休暇や出生手当てなどよりも出生率に大きな影響を与えることを実証分析により数量的に示している（Luci-Greulich and Thévenon［2015］）。

最後に，G7諸国，北欧諸国およびいくつかのヨーロッパ諸国について，2005年の男女賃金格差（＝女性賃金率／男性賃金率）と2000-2005年の期間平均の合計特殊出生率および2010年と2005-2010年のそれらの変化を図表1-6に示した。韓国は日本と並んで男女間の賃金格差が大きいことはよく知られている。全体としては男女間賃金格差と合計特殊出生率との間に負の関係（図表1-6では右上がりの関係で表される）があるように見受けられる。この図からは2つの点が確認できる。

第1に，男女賃金格差が小さい国で合計特殊出生率を上昇させている国では，男女賃金格差がそれ以上には縮小しにくくなっている。これは，前節で述べた育児政策のマイナスの効果が効いてくる可能性を示している。

第2に，図表1-6から韓国と日本を削除してみると，合計特殊出生率と男女賃金格差との間には，明らかな関係は見られない。つまり，他の要因がそれらの間の関係に影響を与えている可能性がある。また，男女の賃金格差

▶ 図表1-6　男女賃金格差と合計特殊出生率

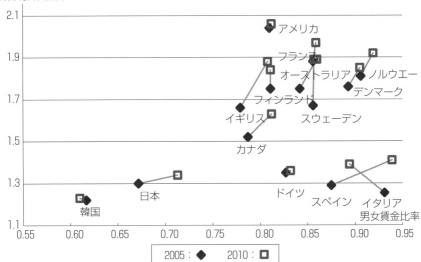

注：イタリアについて賃金格差は2006年。
出所：合計特殊出生率：UN, World Population Prospects: The 2012 Revision（2000-2005 and 2005-2010）．
　　　男女賃金格差：OECD Stat Extracts（Employment: Gender wage gap 2005 and 2010）．

の減少が出生率を上昇させるかどうかは，育児サービスの利用可能性にも大きく依存していると考えられる。しかし，他方で，イタリアや韓国では男女賃金格差の変化と合計特殊出生率変化との関係が他の国とは逆になっており，合計特殊出生率と男女賃金格差の関係もすべての国について必ずしも一様ではないことがうかがわれる。

　実際，既述のように，フェイラー教授らやボルック教授は，それらの関係がその国や社会の家庭外の育児サービスあるいは女性の労働参加に対する考え方・姿勢にも依存している可能性を強調している。さらにはアムステルダム大学のグスタフソン教授が指摘するように税制などの経済制度が女性の労働参加や出生率に影響を与えている可能性もあり，女性の労働参加の変化や少子化をもたらす原因についてはさらなる研究が必要である（Gustafsson [1992]）。

（焼田　党）

参考文献

- AERA［2013］「男性保育士のかくも深き悩み」『AERA』（2013年6月17日），朝日新聞出版，60-61ページ。
- Borck, R.［2014］*Adieu Rabenmutter* – culture, fertility, female labour supply, the gender wage gap and childcare. *Journal of Population Economics*, vol.27, 739-765.
- Day, C.［2012］Economic growth, gender wage gap and fertility rebound. *Economic Record*, vol.88, 88-99.
- Feyrer, J. D., Sacerdote, B. and Stern, A. D.［2008］Will the stock return to Europe and Japan? Understanding fertility within developed nations. *Journal of Economic Perspectives*, vol.22, 3-22.
- Galor, O. and Weil, D.［1996］The gender gap, fertility and growth. *American Economic Review*, vol.86, 374-387.
- Gustafsson, S.［1992］Separate taxation and married women's labor supply: A comparison of West Germany and Sweden. *Journal of Population Economics*, vol.5, 61-85.
- Hirazawa, M. and Yakita, A.［2009］Fertility, child care outside the home, and pay-as-you-go social security. *Journal of Population Economics*, vol.22, 565-583.
- Luci-Greulich, A. and Thévenon, O.［2015］The impact of fertility policies on fertility trends in developed countries. *European Journal of Population*, vol.29, 387-416.
- Martínez, D. and Iza, A.［2004］Skill premium effects on fertility and female labor force supply. *Journal of Population Economics*, vol.17, 1-16.
- Myrskylä, M., Kohler, H.-P. and Billar, F. C.［2009］Advances in development reverse fertility declines. *Nature*, vol.460, 741-743.

第2章

公教育政策
―出生率回復のための教育改革―

1　子どもの数―理想と現実―

　日本では，子どもの数が減少し，高齢者が増加する少子高齢社会と言われて久しい。国立社会保障・人口問題研究所「人口統計資料集（2015年版）」によれば，2013年時点において人口を維持するために1人の女性が生涯に出産する子どもの数（**人口置換水準**）は2.07と言われている。しかし，厚生労働省「平成27年版 少子化社会対策白書」に示されるように，1人の女性が生涯に出産する平均的な子どもの数（**合計特殊出生率**）が2010年では1.36であり，2015年では1.42である。人口水準を維持するために必要な子どもの数を現実の子どもの数は大幅に下回っており，わが国は人口が減少していく時

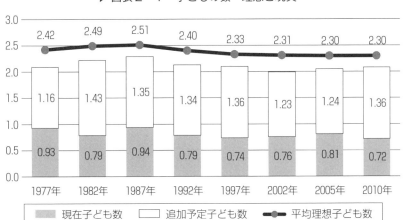

▶図表2-1　子どもの数―理想と現実―

出所：厚生労働省「平成27年版 少子化社会対策白書」をもとに筆者作成。

代に入っている。

そして，図表2-1より，1977年以降，1組の夫婦が理想とする子どもの数は2.30以上であるのに対して，現在の子ども数は平均でみて1以下となっている。他方で，これから追加を予定している子どもの数は1.5以下であり，現在と追加予定の子どもの数の合計は2.0を超えて人口置換水準に近づく。しかし，現実の合計特殊出生率は1.5を下回っていることからすると，理想と現実の間に大きなギャップが存在し，それが日本における人口減少という現象をもたらしている。本章ではこのようなギャップを生み出す理由について考えていく。

2 親世代の行動と子どもの数

前節で示されたデータは，親世代は理想的な子どもの数を達成できずにそれを下回る子どもの数を現実的には選択していることを示している。理想には含まれない様々な制約があるとき，親世代が自らの満足度を最大にしようと意思決定する子どもの数は理想の数ではない。以下では，この選択についてミクロ経済学での消費者の予算制約のもとでの効用最大化行動モデルを用いて考えてみよう。

2.1 世代のつながりをモデル化する

個人の人生を養育期，労働期，引退期の3つの期間に分けて考える。図表2-2に示されるように，ここで想定する世の中では，ある期間に3つのタイプの個人（世代）が存在している。このような社会を想定した経済モデルは，ノーベル経済学賞受賞者である米国の経済学者サミュエルソンやダイアモンドなどによって構築されたものであり，ある期間に複数の世代が重複して存在していることより，「**世代重複モデル**」と呼ばれる[1]。

そして，ある t 期に労働期を過ごす世代を世代 t，t + 1 期に労働期を過

1　詳しくは Samuelson [1958] および Diamond [1965] を参照のこと。

▶ 図表 2 - 2　世代重複モデル

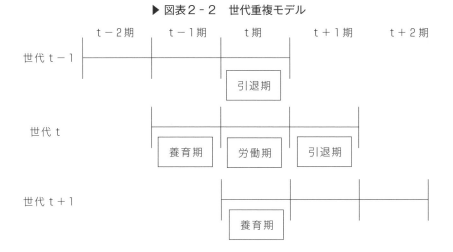

ごす世代を世代 t + 1 とそれぞれ呼ぶことにしよう。性別を問わないことし，すべての個人が子どもを持つ動機を持っていると仮定する。

図表 2 - 2 に示されるように，t - 1 期において，世代 t は生まれてから仕事に就くまでの間を養育期として過ごし，個人が子どもである期間である。養育期では，親に子どもとして**養育**され，**私的な教育**だけでなく，学校教育などの**公的教育**を受けて，自らの知識・能力である**人的資本**を身に付ける。

ここで個人にとっても，また経済全体にとっても重要なのが，労働期において人々がどの程度の人的資本を保有しているかである。そして，成人して労働期を迎える世代の人的資本水準は，養育期にどのような教育を受けてきたのかに依存すると考えられる。一般的に，養育期に子供が受ける教育は以下の3要素から構成されるであろう。

第1に，政府によって供給される公的教育の水準であり，公的教育水準が高いほど，成人した時の人的資本が高まると考えられる。

第2に，親が子供にどの程度の教育投資を行うかである。家庭教師をつけたり塾に通わせたりするなど，親の費用負担のもとで養育期に私的な教育を施すことが，人的資本にプラスに貢献するであろう。

第3に，親が自らの貴重な時間をどの程度，子供の養育に費やすのかとい

う養育時間も子供の人的資本には大きな影響を与えるであろう。

人的資本がこれら3要素から影響を受けることを数学的に表現すると，1つの例として以下のように表現することができる。

$$h_{t+1} = e_t^{\gamma} E_t^{1-\gamma} \eta^{\varepsilon} \qquad (2-1)$$

ここで，h_{t+1} は t+1 期の人的資本の大きさ，e_t は世代 t の1人当たりの親世代が子どもに支出する私的教育の大きさ，E_t は t 期に政府が支出する公的教育の親世代1人当たりの大きさ，η は親が養育のために配分する時間を示している。γ と ε はそれぞれ親による私的な教育支出と養育時間が，子供の人的資本を引き上げるのにどの程度の効果を持つかを意味するパラメータであり，通常は $0<\gamma<1, 0<\varepsilon$ であるとされる。

ここでは，私的教育と公的教育は代替的であると考え，公的教育が充実すると，私的教育の支出を親は減少させると考えている。そのとき，γ は親世代の私的教育を通じた子どもの人的資本形成に及ぼす貢献のシェアを示しており，γ が上昇することは，私的教育を通じた私的教育を通じた子どもの人材育成に与える貢献が大きくなり，公的教育の貢献が小さくなることを意味している。

さらに，Omori [2009] が仮定するように，親子のコミュニケーションも子どもの人的資本形成に影響を及ぼすと考えられるため，ここで親の費やす養育時間の長さが子供の人的資本形成にプラスに貢献すると仮定している。しかし，以下の議論では，教育と出生の議論に焦点を絞るために，η は定数とする。

t-1 期に養育期を過ごし，第2期の t 期に労働期を過ごす世代 t の個人にとって，t 期は仕事に就いてから退職までの期間であるとともに，子どもを養育する期間でもある。t 期では，親世代となる世代 t は1単位の時間のうち養育時間を除いた時間を自らの人的資本に応じた効率的な労働供給をすること（知識・能力に応じた仕事をすること）により，賃金所得を得る。

この期間の個人は所得税を支払った後の可処分所得を自らの労働期の消費，退職後の引退期に備えた貯蓄，および，子どもの教育費に支出する。ここで，

子どもの養育をしている時間は労働供給が行えないという意味で**機会費用**であると考えれば，子供を養育する時間にもコストが発生している。以上の行動を予算制約式として示すと以下のように示される。

$$(1-\tau)(1-n_{t+1}\eta)wh_t = c_t^l + s_t + e_t \quad (2\text{-}2)$$

ここで，τ は所得税率，n_{t+1} は世代 t の親世代が出産する子どもの数，w は賃金率，c_t^l は労働期の消費，s_t は引退期に備えた消費である。さらに，τ と w は定数と仮定し，$(1-n_{t+1}\eta)$ は労働時間を表している。子どもを持つと，養育時間が発生することより労働供給が減少する。それは $n_{t+1}\eta wh_t$ により示され，養育による機会費用であると考えられる[2]。

世代 t にとって，第3期の t + 1 期は引退期であり，労働期に行った貯蓄とその利息，および，年金受給をもとに消費を行い，引退期の生活を過ごすと考える。したがって，予算制約式は以下の通りに示される。

$$(1+r)s_t + T_{t+1} = c_{t+1}^l \quad (2\text{-}3)$$

ここで，r は利子率，T_{t+1} は世代 t が引退期の t + 1 期に受け取る年金額，c_{t+1}^l は世代 t の引退期の消費である。

次に，人々の効用関数を定義しておこう。t 期に労働世代である世代 t の生涯の満足度が，労働期と引退期における消費水準，および子供たちの人的資本水準から構成されるとすれば，彼らの満足度を生涯にわたる効用関数として，以下のように表現できよう。

2　内閣府「平成17年度国民生活白書」によれば，大卒女性が22歳で就職し60歳で退職するとき，その女性の生涯収入は2億8,560万円であるが，子どもを持つことにより育児休業や退職により収入は減少する。このような大卒女性が28歳で第1子出産時に退職し，31歳で第2子を出産し，第2子が6歳になった37歳時にパート・アルバイトとして再就職した場合，22歳から60歳までの生涯収入は4,913万円である。出産を選択せずに就業を継続した場合と子どもの出産を選択し正社員を退職後にパート・アルバイトの就業の場合では約2億3,647万円の生涯収入の差が発生している。このような収入の差は出産・育児を選択したために，出産・育児を選択しない場合に得られたであろう利益であり，経済学の言葉で表すならば「機会費用」に相当する。

$$u(c_t^t, c_{t+1}^t, n_{t+1}, e_t) = \ln c_t^t + \beta \ln c_{t+1}^t + \delta \ln n_{t+1} h_{t+1} \quad (2-4)$$

　ミクロ経済学での消費者の効用最大化行動モデルに基づくと，（2-1）－（2-4）を制約条件として，効用関数（2-4）を最大にするように世代 t の個人（親世代）は労働期と引退期の消費，私的教育支出，子どもの数について意思決定を行うと考えることができる。

2.2　親の選択は政策変更によってどのような影響を受けるのか

　親世代が消費や貯蓄の水準，子どもを何人持つかという選択は，自らの賃金所得や利子所得だけでなく，育児時間，公的教育支出，年金受給額に依存して決定されている。これらの賃金や育児時間などを考慮し，親世代は予算制約のもとでの効用最大化行動を行い，子どもの数の意思決定をしていると考えられる。それゆえに，政府の採用する公的教育政策や年金政策が子どもを持つ親の行動に影響を与えることになる。以下では，親の意思決定が様々な要因に対してどのような影響を受けるかをまとめてみよう。

　第1に，子どもの養育時間が増加することは，親の機会費用を増大させて，可処分所得の減少をもたらす。その減少により，親世代の自らの消費と子どもをもつことの費用の意思決定に影響を及ぼし，子どもを持つことの動機が低下する可能性がある。

　第2に，公的教育と私的教育は子どもの人的等資本形成において代替可能であるため，公的教育支出の増大は私的教育支出の減少を生み出し，子どもを持つことの動機を高める。言い換えれば，私的な教育支出の増加は子どもを持つことの動機を低下させる。

　第3に，親の引退期での年金が増大すると，親の引退期に備えた貯蓄を減少させることが可能である。その貯蓄の減少は他の支出に振り替えることができるため，子どもへの追加的な支出が可能となり，子どもを増やそうとする動機が高まる可能性がある。言い換えれば，親世代が子どもを何人持つかということについて，養育や教育のための子どもへの支出だけでなく，親世代自らの引退期の年金受給額や貯蓄の大きさによっても変化する。

加えて，親世代は子どもの人的資本の質（学力や能力）にも関心があり，子どもの人的資本の質を高めるためには，私的な教育支出を増やして，子どもの数を減らすという親世代もあるだろう。親世代にとって，子どもの人的資本の質を高めるためには子どもの数を減らし，子どもの数を増やすためには子どもの人的資本の質を下げるという子どもの「**質と数**」のトレードオフがここでは存在する。

3　養育・教育費用と出生選択の関係

親世代が子どもを持つことの意思決定には，子育て費用が影響しており，それが子どもの数の減少をもたらしていると考えられる。以下では，親世代の予算制約に含まれるわが国の養育と教育の費用のデータを示すことを通じて，子どもの費用が子どもの数の選択に及ぼしている可能性を指摘しておこう。

3.1　教育にはいくらの費用がかかるのか

内閣府「平成21年度インターネットによる子育て費用に関する調査」によれば，1年間に要する**子育て費用**は，保育園や幼稚園に入園するまでの未就園児では1人当たり84万円，保育所・幼稚園児では1人当たり121万円，小学生は1人当たり115万円，中学生1人当たり155万円である。子育て費用の内訳では未就園児は「子どものための預貯金・保険」と「生活用品費」，保育所・幼稚園児は「保育費」，小・中学生は「食費」，中学生は「学校教育費」と「学校外教育費」の比重が高い。生後まもなくの間は，子どもの将来のための衣料や将来のための預貯金が可能であるが，小中学生と成長するにつれて，子どもの**教育費**が親世代の家計にとって大きな負担となってくる。

教育費について，図表2-3に示されるように，幼稚園から高校までを公立学校に通学した場合において子ども1人当たり523万円の教育費を要し，すべて私立のケースでは1,769万円の教育費を要している。

ここでの教育費（学習費）は，学校教育費，学校給食費及び学校外活動費

▶図表2-3　1人当たりの子どもの学習費

(円)

	すべて公立のケース	すべて私立のケース
幼稚園3年	634,881	1,492,823
小学校6年	1,924,883	9,215,345
中学校3年	1,444,824	4,017,303
高校3年	1,226,823	2,973,792
合計	5,230,911	17,699,263

出所：文部科学省「平成26年度 子供の学習費調査」より筆者作成。

の合計である。学校教育費は学校教育のために各家庭が支出した全経費であり，学校が一律に徴収する経費（学校調査）及び必要に応じて各家庭が支出する経費の合計である。学校外活動費は学校外にて予習・復習・補習などの学校教育に関係する学習をするために支出した**補助学習費**，および，その他の心とからだの健全な発達を目的としたけいこごとや学習活動，スポーツ，文化活動などに要した経費の合計である。

さらに，文部科学省「平成21年度文部科学白書」によれば，幼稚園から高校までが公立学校に在籍し国立大学の自宅生の場合，大学卒業までに1人当たり平均約838万円の教育費がかかり，幼稚園から大学まで私立学校に在籍する下宿生の場合は1人当たり平均約2,453万円である。

日本において，人口を増加させるためには1世帯当たり3人の子どもが必要である。すべての子どもが3人とも公立学校で教育を受け，国立大学に進学した場合において，約2,500万円の費用が1世帯当たり必要であり，すべて3人の子どもが私立学校で教育を受けた場合約7,360万円の負担が必要である。

このような教育費が高い理由の1つは補助学習費である。欧米と異なり，日本では，学校外において学校の授業内容についての予習・復習・補習や高校や大学などへの入学試験などのために，子どもは学習塾や予備校への通学，通信教育の受講などをしている。多額な補助学習費が発生しているために，それが教育費の増大を招いていると考えられる。

3.2　教育費用が子どもを持つことの障害になっているか

　これまで述べてきたように，子どもを持つことには多額の費用が発生している。親世代にとって，このような多額の費用は子どもへの育児教育支出と将来の生活のための貯蓄の間での選択を難しくしていると考えられる。多額の費用が障害となり，理想の子どもの数と現実の子どもの数のギャップを生じさせているのではないだろうか。

　厚生労働省「平成27年版 少子化社会対策白書」はこのような親の意思決定の難しさを示している（**図表２-４**）。この白書によれば，親が理想の子どもを持てない理由の第１位は「子育てや教育にお金がかかりすぎるから」であり，子どもを持つことの費用の問題が子どもを持つことの意思決定に大きく影響を及ぼしている事実を示している。

　さらに，森田〔2004〕は，1998年に小学校入学前の子どもがいる母親を対象にした調査と2002年に小学生の子どもがいる母親を対象にした調査である「女性の就労と子育てに関する調査」のアンケートデータを用いて，子どもの質と量の選択関係に関する以下の研究結果を示した。

　第１に，子どもの数と質の間には負の相関関係があり，子どもの教育水準を高くしようと子育てに多くの費用をかけている親ほど子どもの数を減らそうとしていることである。

　第２に，子育て費用のうち，養育費全般だけでなく，学習塾の費用と子どもの数の間に負の相関関係があることも示しており，学校教育の質が子どもへの学習塾の費用（補助学習費）の増加をもたらし，子どもの数に学校教育が負の効果をもたらしていることである。

　第３に，養育費や通塾費などの子どもに対する支出は親の年収や親の教育水準によって決定されており，父親の年収や金融資産とこれらの支出は正の相関関係があり，両親の学校教育の水準が高いほど，養育費や通塾費が高いことである。

　この分析に基づくと，理想と現実の子どもの数のギャップが生じた理由の１つに親世代の求めている学校教育と現在の学校教育にギャップがあるため

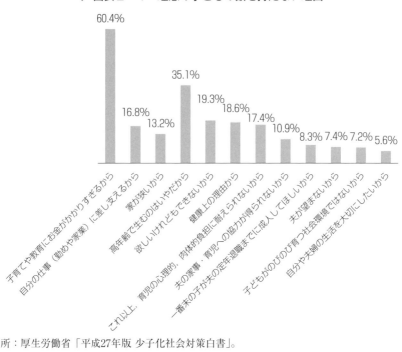

▶ 図表2-4　理想の子どもの数を持たない理由

出所：厚生労働省「平成27年版 少子化社会対策白書」。

に，子どもの数に重きを置くより質の高い子どもを求める親はより多くの養育費や補助学習費に支出を費やしていることがわかる。このような理想と現実のギャップを縮め，子どもの数が減る傾向を改善するためには，教育政策当局が親の学校教育に求めているものを十分に把握した**教育改革**が必要である。そのような改革は養育費・通塾費の減少をもたらし，子どもの数を増やすインセンティブを与えることになることができるだろう。

4　少子社会での教育改革

　子どもに対してどの程度の教育を行うかという決定が，親が何人の子どもを持つかという意思決定に影響を及ぼしている。もし教育費が上昇するならば，他の条件が一定であるもとでは，子どもの数は減少することを明らかに

してきた。

　日本においては親の子どもへの1人当たりの教育支出が多額である。このとき，親の所得に応じて教育支出の大きさは異なり，子どもの数だけでなく子どもの受ける教育レベルも親の所得に応じて異なる。多額の教育費が子どもの数を減らす要因になっているのであれば，子どもの数を増やすためには何らかの政策が必要であり，公的な教育改革政策が必要である。

　特に，小学校と中学校の**義務教育**は所得の不平等を将来的にもたらさない機会の平等の手段としての役割を担っている。義務教育の充実は親の教育支出の低下をもたらし，どのような所得レベルの親であっても子どもをもつことの動機が高まり，日本の人口増加の最も有効的な政策の1つであるとも考えられる。

　日本においても，このような観点から，義務教育における教育改革が行われてきている。例えば，近年では，子どもの将来を考え，学校においては教科教育を行うだけでなくキャリア教育が実施されてきている。小学校入学以降，子どもたちは学力だけでなく，コミュニケーション力やチームワーク力などの「生きる力」に資する力を身に付け，社会人として自立していくことができるようにする教育がキャリア教育である。学歴による就業を実現するのでなく，児童のときから就業への動機付けを行い，自発的な職業選択により自立を促すことを目的とする政策である。

　しかし，このような教育改革を行ったとしても，保護者としての親世代の意見が学校に反映される手段はPTA活動などに限られている。そのため，親世代と学校の間に信頼関係を築き上げることが難しく，子どものことを考える親世代は通塾費などの私的教育支出を増やそうとする。このような政策が子どもの数を増やす親世代の動機付けになっているとは考えにくく，親世代の望んでいる学校教育と現実の学校教育のギャップを埋めるような義務教育での新たな公的教育政策が求められる。

　2004年以降，親世代の意見や考えが学校の運営に反映され，親世代が学校との信頼関係をより築き上げる制度として，地域住民とともに学校を**コミュニティ・スクール（学校運営協議会制度）**として改革していくことが進めら

▶図表2-5 コミュニティ・スクール

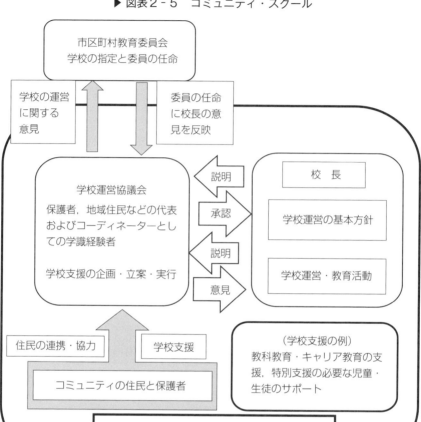

出所：中央教育審議会「新しい時代の教育や地方創生の実現に向けた学校と地域の連携・協働の在り方と今後の推進方策について（答申）」をもとに筆者作成。

れている（**図表2-5**）。

　コミュニティ・スクールは，市区町村教育委員会が指定した学校に学校運営協議会を設置し，学校長の意見を取り入れた市区町村教育委員会が任命した地域住民と親世代（保護者）が委員としてその協議会に参画し，学校運営についての意見を学校および市区町村教育委員会に述べることができる。学校長は当該年度の学校運営の基本方針を委員に説明し，基本方針には委員の

承認が必要である。そして，学校運営や教育活動に関する意見を学校に対して述べるだけでなく，学校の教育支援の企画・参画を行い，地域住民による地域の子どもたちに対する教育を行っていく。例えば，教科教育やキャリア教育において，教員だけでは子どもたちの学習が困難であるとき，地域住民も教室にて子どもたちに学習支援を行うことができる。

　このような教育制度の改革は，親世代が学校の運営について意見できることによって，親世代が望む学校教育が学校に受け入れられるようになりやすく，学校との信頼関係をより強化することができる。地域の状況に応じた教育を行うことができるだけでなく，子どもたちによりきめ細やかな教育を多面的に行うことができようになる。

　親世代が私的な教育支出を増やし，子どもを持つことの動機が低下する理由の1つは公的教育に対して不安・不満を抱いているからである。親世代が自発的に学校運営や支援に携わり，地域住民による教育支援によって，（公的な）義務教育が充実し，私的教育支出が減少することはもう1人子どもを持ちたいという動機付けも生まれるだろう。

　さらに，日本社会の特徴として，長寿化により引退世代の比率が増加するだけでなく，定年退職後も健康な引退世代も増加していることがある。例えば，厚生労働省［2015］によると，日常生活が制限されることなく健康に生活できる平均健康寿命は2010年時点で，男性70.4歳，女性73.6歳となっている一方で，厚生労働省「就労条件総合調査」（平成27年）によると，60歳を定年とする企業が80.5％となっている。定年と健康寿命の間には，実に10年以上の差があるのである。

　そのような引退世代は余暇時間があるだけでなく，様々な技術や知識を持っている。コミュニティ・スクール制度では，知識と経験を積んだ引退世代が学校での教育支援に携わっている。引退世代が教育に携わることは学校での教育力向上になるだけでなく，彼ら彼女らに新たな活躍の場を提供することにもなり，高齢者増加に伴う様々な問題を解消する役割も期待できる。

　コミュニティ・スクール制度は，学校という教育の場を地域の中心として，地域住民と親世代がともに「**共助**」しながら，次世代を担う子どもたちを地

域全体で教育していくだけでなく，地域のまちづくりも担っている。この制度は公的教育の改革を通じた少子化対策だけでなく，少子高齢社会の様々な問題を克服する鍵となる。

（大森　達也）

参考文献

- 厚生労働省［2015］平成26年度厚生労働白書。
- 国立社会保障・人口問題研究所［2015］人口統計資料集（2015年版）。
- 内閣府［2005］平成17年度国民生活白書。
- 内閣府［2009］平成21年度インターネットによる子育て費用に関する調査。
- 森田陽子［2004］子育て費用と出生行動に関する分析『日本経済研究』, 48巻, 34-57。
- 文部科学省［2009］平成21年度文部科学白書。
- Becker, G.［1975］*Human Capital*. 2nd Ed. University of Chicago Press.
- Diamond, P.［1965］National debt in a neoclassical growth model, *American Economic Review*, vol.55, 1126-1150.
- Omori, T.［2009］Effects of public education and social security on fertility, *Journal of Population Economics*, vol.22, 585-601.
- Samuelson, P. A.［1958］An exact consumption-loan model of interest with or without the social contrivance of money. *Journal of Political Economy*, vol.66, 467-482.

第3章

国債管理政策
―財政・経済・人口の持続可能性のために―

1 日本の現状

　本章では日本の現状に鑑み，3つの持続可能性について分析する。最初の2つは，**財政と経済の持続可能性**である。図表3-1は，1965年から2014年までの日本の国債残高対GDP比率と1人当たり所得の成長率の関係を図示したものである。経済成長の要因は国債残高だけに限らないとはいえ，全体としては負の相関があるように思われる。つまり，持続可能な財政のために

▶図表3-1　国債残高と成長率（日本，1965-2014）

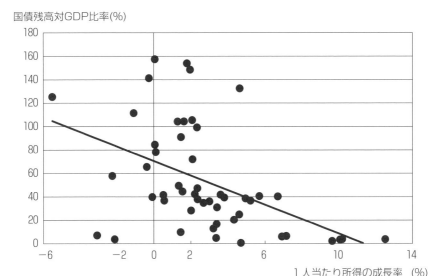

出所：財務省「国債発行額の推移（実績ベース）」および World Bank, World Development Indicators。

▶ 図表 3 - 2　国債残高と出生率（日本，1965-2014）

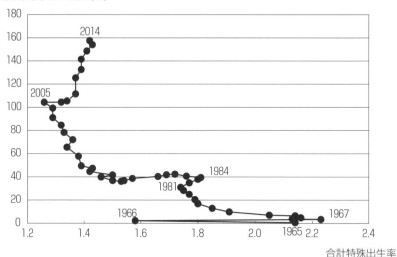

出所：財務省「国債発行額の推移（実績ベース）」。
　　　厚生労働省「平成26年度人口動態調査」。

　経済成長が必要であるのと同時に，持続可能な経済成長のためには持続可能な財政が必要なのではないかということが示唆される。
　第3の持続可能性とは，**人口**に関するものである。**図表 3 - 2**は，同期間における日本の国債と出生率の関係を図示したものである。2005年までの40年間，1966年の丙午の年を除けば，出生率はほぼ一貫して低下している。近年はやや回復傾向が見られるものの，全体としては負の相関があるように思われる。つまり，持続可能な財政のために人口規模の維持が必要であるのと同時に，出生率を回復するためには持続可能な財政が必要なのかもしれない。
　本章では，図表の観察結果と整合的であるような経済モデルを構築し，財政の持続可能性と成長率，出生率の関係を分析する。主な結論は次の2つである。

① 　国債残高対 GDP 比率が低下するとき，成長率，出生率はともに上昇する。
② 　国債残高対 GDP 比率にもとづいた適切な財政ルールを導入することによ

り，国債残高対 GDP 比率を長期的にゼロまで引き下げることができる。

以上の結果は，国債管理政策が成長政策のみならず出生率対策としても有効であること，すなわち，財政・経済・人口の3つの持続可能性を同時に達成し得ることを示唆している。

2　経済学の考え方

本節ではモデル分析の基礎となる4つの経済学の考え方を紹介する。最初に，経済成長を説明するための伝統的なモデルであるソローモデルを紹介する。次に，ソローモデルでは説明できない2つの経済変数—出生率と技術進歩率—について，どのような理論が整備されてきているのかを紹介する。最後に，政府の予算制約式と財政ルールを用いて，国債管理政策の経済学的意味を説明する。

2.1　経済成長

経済学では経済成長を扱うモデルがいくつか用意されている[1]。もっとも基本的なモデルはソローモデルである。ソローモデルの主な仮定は，労働や資本といった生産要素が代替的に利用可能であること，貯蓄率が一定であること，そして人口成長率，技術進歩率が外生的に与えられることである。

数式を用いてソローモデルのエッセンスを説明しよう。マクロ生産関数を，

$$Y = F(K, BL) \quad (3-1)$$

とする。Y は生産量，K は資本，L は労働（時間）を表す。B は労働増大的な技術水準を表しており，BL のことを「**有効労働**」（effective labor）という。人ごとに，仕事ごとに時給が異なるのは，普段の生活から当たり前のことのように感じられるだろう。例えば，会社員の時給が2,000円，大学生の

---

[1] Jones and Vollrath [2013] を参照せよ。

バイトの時給が800円だとしよう。このような賃金格差を端的に説明するのが有効労働という考え方である。会社員の時給が大学生の2.5倍であるのは，会社員の技術水準であるBの値が大学生の値の2.5倍だからである。同じ1時間の労働時間であっても，有効労働が2.5倍だと考えることで賃金格差を説明することができる。

生産量，資本，労働，技術水準のいずれも時間とともに変化する。そのため，(3-1)のままで考えようとするのはなかなか難しい。この困難を解消するためのアイディアが，「有効労働あたり」という考え方である。有効労働自体が賃金格差を説明するための抽象的な概念であるので，有効労働あたり変数というものも抽象的な変数である。ここでは具体的な意味づけではなく，ソローモデルを理解するための方便として「有効労働あたり」という考え方を用いる。

有効労働あたり資本を$k = K/(BL)$，有効労働あたり生産量を$y = Y/(BL)$とおく。マクロ生産関数が**規模に関して収穫一定**であるとすると，

$$y = f(k) \qquad (3\text{-}2)$$

という関係式が得られる。ただし，$f(k) = F(k, 1)$である[2]。

次に，貯蓄率を$0 < s < 1$，人口成長率（労働成長率）を$\dot{L}/L = n > 0$，技術進歩率を$\dot{B}/B = g > 0$とおくと，有効労働あたり資本に関する蓄積方程式が得られる[3]。

$$\dot{k} = sf(k) - (n + g)k \qquad (3\text{-}3)$$

ここで，$\dot{L} = dL/dt$は期間$[t, t+dt]$における人口の変化率を表しており，$\dot{L}/L$はこの期間における人口成長率を表している。

---

2 「規模に関して収穫一定」とは，任意の$\lambda > 0$に対して，$F(\lambda K, \lambda L) = \lambda F(K, L)$という関係式が成立することである。この式は，生産要素の投入量をすべてλ倍にしたとき，すなわち，規模をλ倍にしたとき，生産量もλ倍になることを意味している。(3-1)のもとで，$\lambda = (BL)^{-1}$として上記の関係式を用いると，(3-2)が得られる。

3 資本蓄積の基本となる式は$\dot{K} = sY$である。これに積の微分法（$\dot{K} = \dot{B}Lk + B\dot{L}k + BL\dot{k}$）を用いて整理すると，(3-3)が得られる。

▶図表3-3　ソローモデル

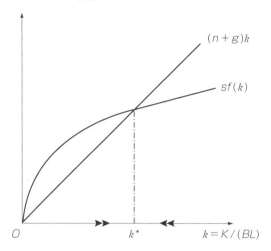

　図表3-3は，有効労働あたり資本 k の時間経路を図示したものである。まず，$k = k^*$ のとき，(3-3) の右辺はゼロになる。これは時間が経過しても k の値が変化しないことを意味する。次に $k < k^*$ のとき，(3-3) の右辺は正である。これは，時間とともに k の値が大きくなることを意味している。最後に $k > k^*$ のときは，(3-3) の右辺は負になり，k の値が時間とともに小さくなる。

　以上の結果をまとめると，最初の k がどのような値であったとしても，いずれは k^* に収束することが分かる。言い換えると，有効労働あたり資本や有効労働あたり生産量という変数が長期的に一定になるという意味で，ソローモデルは広域的に安定な性質を持っていることが分かる。さらに言うと，ソローモデルにもとづいて経済成長を分析するということは，有効労働 BL こそが重要であるともいえる。

　この点について数式を用いて説明しよう。$Y = yBL$ という関係式から，経済成長率は，$\dot{Y}/Y = (\dot{y}/y) + g + n$ で与えられる。また，1人当たり所得（Y/L）の成長率は，$(\dot{y}/y) + g$ である。長期的には $\dot{y}/y = 0$ となることに注意すると，経済全体の長期成長率は，**人口成長率**プラス**技術進歩率**で与えられる。また，1人当たり所得の成長率は技術進歩率である。短期成長率

は，長期均衡からの乖離の大きさに依存する。例えば，途上国のように資本ストックの水準が極端に低い経済では資本の成長率が高く，短期的には成長率が高くなる。そして，資本が蓄積されるにつれて成長率は低下し，いずれは長期成長率に収束する。

ソローモデルは，途上国で観察される高い経済成長と，先進国で観察される水準は低いものの比較的安定的な経済成長を同時に説明できる。しかし，人口成長率や技術進歩率がモデルの外で決められているため，長期的な経済成長率そのものを分析しているとは言い難い。この問題を克服するには，人口成長率や技術進歩率がどのようなメカニズムで決まるのかをモデルの中で説明する必要があるのである。

2.2 出生率

人口成長率というマクロ変数の背後には，個々の家計が子どもを何人持とうとするのかというミクロ的な意思決定がある。この分野の先駆的研究は1992年にノーベル経済学賞を受賞した**ベッカー**によってなされている（Becker［1991］）。経済学では出生に関する家計の意思決定について，子どもを持つことによる便益と費用を用いて分析する。

図表3-4は，家計の出生選択を図示したものである。横軸は子どもの数を，縦軸は家計消費を表す。右下がりの線分は家計の予算線を，右下がりの曲線は無差別曲線を表している。家計は子どもの数と消費から効用を得るが，無差別曲線とは，効用水準が同じになるような組み合わせを結んだものである。

子どもを1人増やすとき，家計消費がPだけ減少するとしよう。図では，予算線の傾きの絶対値がPとなる。ある家計が点Aの位置にいるとしよう。消費をPだけ減らす代わりに，子どもを1人増やすことにより点Bに移動することが可能である。さて，この家計はこの変更を選択するだろうか。

答えはイエスである。点Bは，点Aを通る無差別曲線よりも右上にある。これは，点Bで達成される効用水準のほうが高いことを意味している。専門的な言葉を使うと，子どもを1人追加するときの費用よりも便益の方が大きいので，家計は主体的に点Bを選択する。

▶図表3-4　出生選択

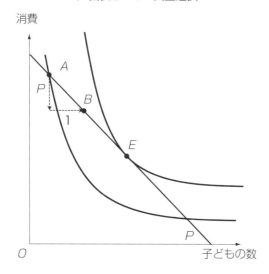

　家計はさらに予算線上を右下に移動しようと考えるだろうか。答えはイエスである。移動することで，点 B を通る無差別曲線よりも右上の点にいくことができるからである。最終的に落ち着くところは無差別曲線と予算線が接する点 E である。予算線上の点で，点 E を通る無差別曲線の右上にある点は存在しないからである。無差別曲線の接線の傾き（限界代替率という）は，追加的な子どもから得られる便益を消費で測ったものである。つまり，点 E において子どもの限界便益と限界費用が一致することを意味している。

2.3　技術進歩

　2.1項では技術進歩率は $\dot{B}/B = g$ で一定であると仮定していた。モデルの中で成長率が決まらないので，このままでは経済成長そのものを分析することはできない。この問題を比較的簡単に解決する手段として，**内生的成長モデル**が知られている。ここでは，資本外部性を用いた内生的成長モデルであるローマー・モデルを紹介する[4]。

4　詳しくは Romer［1986］を参照のこと。

労働生産性はどのような要因で向上するのだろうか。**アロー**は，生産活動そのものが労働生産性を向上させると考えた（Arrow [1962]）。働くことで仕事に慣れ，より効率的に働くことができるというのは直観的にも受け入れられるのではないだろうか。専門的に言うと，労働者1人当たり生産量が個々の労働者の生産性を引き上げるという**外部性**があるという考えである。

モデル化する場合には，労働者1人当たり生産量の代わりに労働者1人当たり資本を用いる。さらに，簡単化のため，労働者1人当たり資本と労働生産性の関係を，

$$B = \frac{1}{a}\frac{K}{L} \tag{3-4}$$

と特定化する。$a > 0$ は資本外部性の大きさを表す定数である。a の値が小さいほど資本外部性が大きいことを意味している。

（3-4）より，有効労働あたり資本は，$K/(BL) = a$ で一定である。さらに（3-2），（3-4）より，

$$Y = AK \tag{3-5}$$

という関係式が得られる。ただし，$A = f(a)/a$ である。（3-5）は，資本蓄積に比例して経済が成長することを意味している。式の形から，このモデルは **AK モデル**とも呼ばれている。

2.4　国　債

最後に，国債のマクロ経済効果を簡単な数式を用いて説明しよう。まず，政府の予算制約式は，

$$T + \dot{D} = G + rD \tag{3-6}$$

と表せる。左辺の T は税収を表し，右辺の G は政府支出を表す。国債がないときの政府の予算制約式は $T = G$ である。国債残高を D，利子率を r とすると，右辺の rD は国債償還費を表し，左辺の $\dot{D}$ は新規国債発行額を表している。（3-6）は，左辺の歳入と右辺の歳出が各時点で一致することを

意味している。

　国債発行に関する財政ルールとしては，次式の「**ボーンの法則**」が知られている（Bohn [1998]）。

$$\frac{T-G}{Y} = \beta_0 + \beta_1 \frac{\dot{D}}{Y} \quad (3-7)$$

（3-7）は，基礎的財政収支対 GDP 比率と新規国債発行額対 GDP 比率の関係を表したものである（β_0, β_1 は定数）。本来は，**基礎的財政収支**と新規国債発行額の相関を実証的に分析するのが目的であった。しかし，財政規律と財政の持続可能性の関係を分析するため，上記の関係式を財政ルールと解釈する理論研究が蓄積されてきている[5]。

　次節のモデル分析では，（3-7）の特殊ケースとして次の財政ルールを用いる。

$$\dot{D} = \theta(T-G) \quad (3-8)$$

ここで，$\theta > 0$ は政策変数を表す。政府が小さな値の θ を採用すると，国債の新規発行が制約される。（3-8）は，基礎的財政収支にもとづいて国債発行の上限を決めることを意味している。

　（3-6），（3-8）より，

$$\frac{\dot{D}}{D} = \frac{r\theta}{1+\theta} \quad (3-9)$$

が得られる。（3-9）は，国債残高の成長率が利子率と政策変数 θ のみに依存することを意味している。

　国債政策を議論するとき，国債残高の水準ばかりに注目するのは問題がある。ニュースなどでは，「2015年12月末時点で，国の借金が1,000兆円を超えた」といった内容の記事が目につく。しかし，問題なのは借金の水準ではなく，日本の経済規模に照らし合わせて過大なのか，あるいは持続可能なのかを検証することである。

5　例えば，Bräuninger [2005]，Fanti and Spataro [2013] を参照せよ。

例えば，国債残高の成長率が経済成長率よりも低い場合，国債残高が年々増えたとしても，国債残高対 GDP 比率は年々減少する。このようなケースでは，国債は**持続可能**であるという。

この点を数式を用いて説明しよう。(3-5) より，経済成長率は資本成長率に一致する ($\dot{Y}/Y = \dot{K}/K$)。他方，(3-8) の国債管理政策が取られたとき，国債残高の成長率は (3-9) で与えられる。したがって，資本成長率が (3-9) よりも大きいような経済であれば，国債残高対 GDP 比率 (D/Y) は長期的にゼロに収束する。このとき，国債は持続可能である。

3 経済・人口・財政の持続可能性をモデル化する

3.1 モデル

前節で紹介した経済学のツールを組み合わせて，経済・人口・財政の3つの持続可能性について分析する。モデルの概略は次のようなものである[6]。

経済は，家計，企業，政府の3つの経済主体から構成される。毎期同質的な個人が次々に登場し，2期間生きる。各世代の人口サイズは出生率選択によりモデルの中で決定する。個人の生涯は，幼年期と成年期からなる。幼年期の個人は親の庇護下にあり，経済活動を行わない。成年期の個人は，働いて賃金を得るとともに親の残した遺産を受け取る。個人は所得税を納めたのち，可処分所得を自分の消費，子どもの養育費，子に残す遺産に配分する。遺産は資本市場に投資され，子どもたちが成人した時点で，利息込みで移転される。個人の選好は，自分の消費という利己的なものに加え，子どもの数や子どもの経済厚生といった利他的なものから構成される。

生産面では，同質的な企業が労働と資本を用いて消費財を生産する。また，政府が政府支出を賄うために税を徴収し国債を発行する。閉鎖経済において

6　Lapan and Enders [1990] の出生率内生化モデルをベースにしている。詳細は Miyazawa [2014] を参照せよ。

財市場，労働市場，資本市場の3つの市場が存在し，完全競争の仮定のもとで，市場賃金率と市場利子率が決定する。経済成長率はモデルの中で決まるように設計する。具体的には，資本外部性が成長のエンジンであると仮定する。

3.2　短期分析：成長率と出生率

モデルの中で決まる主要な変数は，出生率 n，成長率 g，国債残高対GDP比率 $x = D/Y$ の3つである。政策変数は（3-8）の θ であり，所得税率は政府予算が毎期均衡するように決められる。国債残高は過去の水準に依存する**ストック変数**であるため，変数 x は短期的には調整されない。これに対して，出生率と成長率は**フロー変数**であるので，変数 x と政策変数 θ が与えられれば，短期的に決定される。

図表3-5は短期均衡を図示したものである。図の $n^H(g, x)$ は，家計の最適化行動と整合的な出生率を表しており，$n^K(g, x)$ は，資本市場の均衡条件と整合的な出生率を表している。

最初に，$n^H(g, x)$ は成長率 g の増加関数であると同時に，国債残高対GDP比率 x の増加関数となることが示される。理由は以下の通りである。利他的な親は，子どもの数と子どもの経済厚生に関心があるため，子どもの数を増やすか，あるいは個々の子どもへの遺産を増やすかを選択する。図表3-4のタテ軸を1人当たり遺産額に変更して，図を用いて説明しよう。この場合，均衡 E は最適な子どもの数と1人当たり遺産額の組み合わせを表している。次に，成長率や国債残高が変化したとき，図がどのように変化するかを考えよう。

まず，経済成長率が高いとしよう。賃金上昇率が高いので，親世代と比べて子ども世代の所得水準が高くなる。こうした状況では，親が遺産を増やしたとしても子の経済厚生はあまり改善しないだろう。つまり，遺産の限界便益が低下することで，最適な1人当たり遺産額が減少するはずである。

他方，1人当たり遺産額は子どもの価格に含まれる。例えば，子ども1人当たりの養育費が2,000万円で，さらに1人当たり2,000万円の遺産を残すと

▶ 図表3-5　短期均衡

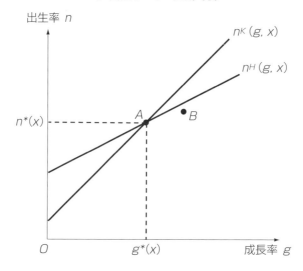

すれば，子ども1人当たり4,000万円を用意しなければならない。この4,000万円というのが子どもの価格である。必要な遺産額が低下するのであれば，親は子どもの数を増やそうとするだろう。**図表3-4**でいうと，成長率が上がると，予算線の傾きが緩やかになる。これにより均衡Eが右下に移動し，1人当たり遺産が減るとともに出生率が上昇する。

では，国債残高が大きいと，どのような変化が起こるのだろうか。国債発行額が大きいということは，本来負担すべき税を家計が負担していないことを意味している。可処分所得が増えるので，**図表3-4**の予算線が右上に平行移動する。子どもが正常財だとすれば，均衡Eは右上に移動する。つまり，出生率が上昇する。

次に，$n^K(g, x)$ も，成長率g，国債残高対GDP比率xの増加関数であることが示される。出生率と成長率の間の正の相関は，成長のエンジンが資本外部性にあるという仮定にもとづいている。出生率が高いほど人口サイズが大きく，その分資本供給量が増える。したがって，資本外部性により成長率が上昇する。

出生率と国債残高の間の正の相関は，国債に関する財政ルールから導かれ

る。(3-9) の右辺は定数だから，国債残高 D が大きいとき，新規発行額 $\dot{D}$ も大きくなる。政府の資本需要が増えるため，資本市場の需要曲線が右にシフトする。通常では，利子率の低下により資本市場の均衡が回復される。しかし，本章のモデルは，資本外部性により利子率が一定に保たれるため，需要曲線と同様に，供給曲線が右にシフトするような環境変化が生じる必要がある。この条件を満たすのが人口サイズの増加，すなわち出生率の上昇である。

短期均衡は2つの直線の交点 A である。さらに，国債残高が変化するときの出生率，成長率への影響は，x に関する比較静学により予測できる。例えば，国債残高対 GDP 比率 x の値が低下したとしよう。このとき，2本の直線はともに右下にシフトする。交点がどの方向に移動するのかは一般的には不明であるが，妥当な仮定のもとでは，点 A の右上（例えば点 B）に移動することを示すことができる。つまり，適当な国債管理政策により国債残高対 GDP 比率を低下させることができれば，均衡成長率，均衡出生率を同時に引き上げることが可能である。

3.3　長期分析：国債残高

本項では，国債残高対 GDP 比率 x と政策変数 θ の関係を分析する。θ の値が小さいほど国債政策が緊縮的であることを意味する。直観的には，緊縮的な政策を採用すれば国債残高の成長率が低下し，国債の持続可能性が上昇すると考えられるだろう。

図表3-6は，国債残高対 GDP 比率 $x = D/Y$ と，その変化率 $\dot{x}$ の関係を表している。比率の成長率については，$\dot{x}/x = \dot{D}/D - \dot{Y}/Y$ という関係式が成立する。これと，(3-9) および図表3-5の均衡成長率を用いると，

$$\dot{x} = x\left[\frac{r\theta}{1+\theta} - g^*(x)\right] \quad (3-10)$$

という関係式が得られる。$g^*(x)$ が減少関数であることを用いると，一定の条件のもとで，図表3-6のような U 字型の曲線を描くことができる。

横軸との切片 $x^*(\theta)$ は政策変数 θ の減少関数である。図より，$x < x^*(\theta)$

▶ 図表 3 - 6　長期均衡

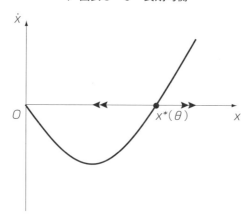

を満たしていれば，x は時間とともに減少しゼロに収束する。このとき国債は持続可能である。$x > x^*(\theta)$ のときは無限大に発散するので持続可能ではない。本章のモデルは，実際の国債残高対 GDP 比率にもとづいて持続可能となるための上限 $x^*(\theta)$ を算出すること，そしていったん θ の値を決めたら，長期にわたってルールにコミットすることの重要性を示唆している。

4　財政規律の意義

　最後に，数値例を用いて少子化対策としての財政規律の意義を考察する。図表 3 - 7 は，3.3 項のモデルにもとづいて，国債残高対 GDP 比率，所得税率，人口成長率，1 人当たり所得の成長率の時間経路をまとめたものである。1 期を 40 年とし，政府支出対 GDP 比率を 5 ％と仮定している。財政ルールとしては，10％ルールを採用した（$\theta = 10\%$）。いくつかの仮定のもとで，$x^*(\theta) = 30.5\%$ が得られた。つまり，国債残高対 GDP 比率が 30％以下ならば，10％ルールのもとで国債は持続可能である。以下ではモデルケースとして，$x_0 = 20\%$ とする。

　国債残高対 GDP 比率は長期的にはゼロになる。しかし，1 割減の 18％にするのに 1 期 40 年かかることが分かる。所得税率は時間とともに低下するが，

▶ 図表3-7　時間経路

期	国債残高	所得税率	人口成長率	所得成長率
0	20.0%	23.2%	0.966	1.328
1	18.0%	21.9%	0.983	1.330
2	15.9%	20.5%	1.002	1.332
3	13.7%	19.0%	1.021	1.333
4	11.6%	17.4%	1.039	1.334
∞	0	5.0%	1.141	1.342

注：1期40年，政府支出対GDP比率5％，$\theta = 10\%$。

長期にわたり20％を超える水準に留まる。**財政健全化**による出生率の引き上げ効果は成長率効果よりも顕著である。しかし，政策により人口が増加に転じるのは2世代先のことである。こうした数値例から示唆されるのは，きわめて長期的な視野をもつことの大切さである。**国家百年の計**では短過ぎる。財政ルールを精緻に設計し，適宜修正し，そのルールにコミットすることこそが，財政健全化や少子化対策にとって重要なことではないだろうか。

〔宮澤　和俊〕

参考文献

- 財務省「国債等関係諸資料」。http://www.mof.go.jp/jgbs/index.html
- Arrow, K.J. [1962] The economic implications of learning by doing, *Review of Economic Studies*, vol.29, 155-173.
- Becker, G.S. [1991] *A treatise on the family* (Enlarged Edition), Harvard University Press, Cambridge.
- Bohn, H. [1998] The behavior of U.S. public debt and deficits, *Quarterly Journal of Economics*, vol.113, 949-963.
- Bräuninger, M. [2005] The budget deficit, public debt, and endogenous growth, *Journal of Public Economic Theory*, vol.7, 827-840.
- Fanti, L. and Spataro, L. [2013] On the relationship between fertility and public national debt, *Economic Modelling*, vol.33, 843-849.
- Jones, C.I. and Vollrath, D. [2013] *Introduction to economic growth*, Third Edition, Norton, New York.
- Lapan, H.E. and Enders, W. [1990] Endogenous fertility, Ricardian equivalence, and debt management policy, *Journal of Public Economics*, vol.41, 227-248.

- Romer, P.M. [1986] Increasing returns and long-run growth, *Journal of Political Economy*, vol.94, 1002-1037.
- Miyazawa, K. [2014] A debt management rule, fertility, and growth, presented at the 70th Annual Congress of the International Institute of Public Finance, Lugano, Switzerland.
- World Bank [2015] World Development Indicators. http://data.worldbank.org/

第4章

公共投資政策
―厚生を高める社会資本整備のあり方―

1　日本の社会資本の現状

社会資本は，公共投資の累積により形成された産業や生活の基盤となる施設・設備，すなわち**インフラ（インフラストラクチャー）**のことをいう[1]。具体的には，道路，港湾，水道，電信電話など，私たちの生活にとって必要不可欠なものがそれにあたる。

これら社会資本の影響は必ずしも特定の範囲に限定されず，消費者，生産者の枠を超えて経済活動に影響を及ぼしているため，正の外部性を持っているといえる。したがって，その供給を市場に委ねたとしても，社会に十分な水準が供給されず，社会資本の供給には何らかの形で政府の関与が必要となる。

社会資本の供給は政府による直接供給が主であった。しかし，近年では財政上の理由から社会資本の供給のあり方を見直す機運が高まっている。**PPP（官民連携）**，**PFI（プライベート・ファイナンス・イニシアティブ）**の活用はその際たる例であろう（図表4-1）[2]。本章では，経済成長と社会資本の関係を軸として，社会資本を巡る現代的なトピックを含めた社会資本

---

[1] 内閣府［2012］は日本の社会資本ストックについての推計を行っており，2009年度の粗ストック額は約786兆円（2005暦年価格），純ストック額は376〜471兆円と推計している。
[2] PPP（**Public Private Partnerships**）は民間事業者を活用してインフラ整備等を行うことで，具体的な方法としては民間委託，指定管理者制度，PFI（**Private Finance Initiative**）などを含む。PFIは公共施設等の建設，維持管理，運営等に民間資金，経営能力等を活用し，同一水準のサービスを安価（又は同一価格）でより上質に提供する手法のこと。日本では「民間資金等の活用による公共施設等の整備等の促進に関する法律」（PFI法）に基づき実施されている（内閣府［2016］）。

▶ 図表 4 - 1　PFI 事業の実施事業累計数及び事業累計額の推移

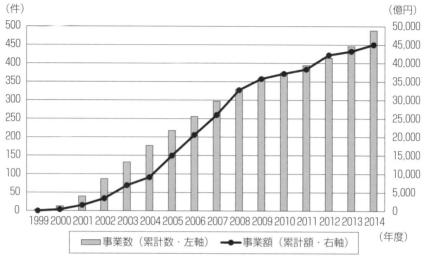

出所：内閣府「PFI の現状について」。

▶ 図表 4 - 2　一般政府総固定資本形成/GDP（％）の国際比較

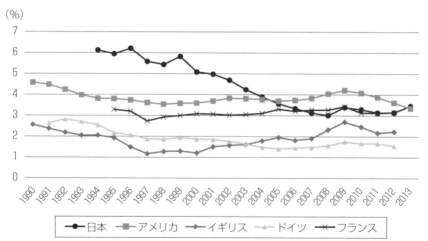

注：2005年に英国核燃料会社が原子力廃止機関に移管されたため、2005年のイギリスの値には移管額（約160億ポンド）を含めて計算している。詳細は National Accounts of OECD Countries 2008, Volume II を参照のこと。

出所：OECD, National Accounts: Gross domestic product, Gross capital formation（http://stats.oecd.org/）をもとに筆者作成。

▶ 図表4-3　経済成長率の国際比較（期間内の平均）

期間	日本	アメリカ	イギリス	ドイツ	フランス
1990-2015	1.07%	2.42%	1.98%	1.29%	1.54%
2001-2015	0.74%	1.77%	1.77%	1.11%	1.08%

注：ドイツのデータ参照期間ついては1992～2015年の24年間である。
出所：OECD, Economic Outlook 98をもとに筆者作成。

整備の望ましいあり方を考察する。

　はじめに，社会資本整備を巡る現状を把握するため，社会資本投資と経済成長についての主要な統計を確認していこう。

　図表4-2は主要国（G5）の公共投資対GDP比の推移を示したものである。日本では2008年頃まで減少傾向が続いていたものの，他の主要国では1990年代後半から2008年頃まで上昇傾向が見られた。2008年以降では，主要国とも公共投資対GDP比は減少傾向ないし横ばいであることがわかる。

　図表4-3はG5の経済成長率の推移を示したものである。データ全期間の平均成長率は，日本が約1.07%，アメリカが約2.42%，イギリスが約1.98%，ドイツが約1.29%，フランスが約1.54%となっている。2001年以降に限ってみても，日本の平均成長率は約0.74%であり，他方，同期間において，アメリカ，イギリスは約1.77%，ドイツは約1.11%，フランスは約1.08%の年率で経済成長を実現している。このことから，日本の経済成長率は他の主要国に比べると低位で推移していることがわかる。

　図表4-4は日本の1995～2013年のGDP（対数）とそれから1年ラグをとった1994～2012年の公共投資額（対数）の散布図である。この図からは，公共投資額が大きいときほど，GDPが大きい値をとるような関係が見える。実際に，2つの変数の相関係数をデータから求めると，その値は0.74と正の相関関係を示唆している。相関係数は因果関係まで説明するものではないが，公共投資量の減少が成長率低下の原因である可能性も否定はできない。

　この点について，社会資本と経済成長の実証分析の多くは「**社会資本の正の生産性効果**」を統計的に支持する結果を示している[3]。例えば，IMFは1％の公共投資支出増は当該年のGDPを約0.4%，その後の4年間でGDPを

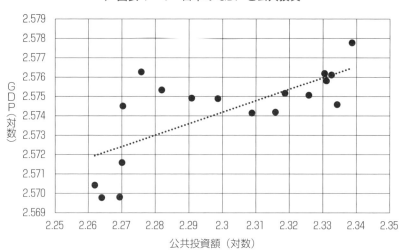

▶図表4−4　日本のGDPと公共投資

出所：OECD, National Accounts: Gross domestic product, Gross capital formation（http://stats.oecd.org/）をもとに筆者作成。

さらに1.5％増加させると推計し，公共投資の資金調達コストが低い現在の経済情勢は社会資本整備にとってまたとない好機であるとしている（IMF［2014, Ch.3］）。

こうした研究成果は主要国の政策当局者にも認識をされており，2014年シドニーで開催されたG20財務大臣・中央銀行総裁会議声明では，「我々は，特にインフラや中小企業への投資を促進するための環境創出にコミットしている。これは，短期及び中期的な世界経済のより強い成長への移行のために重要である。」と言及されている[4]。

社会資本投資の見直し機運は高まりつつあるが，これには，「社会資本の生産力効果」に関する研究に加え，各国で社会資本の老朽化による経済基盤の劣化が認識されるようになったことがある。特に，アメリカでは都市部の

3　Ashcauer［1989］が代表的研究である。最近の研究動向についてはBom and Ligthart［2014］が詳しい。
4　財務省ホームページ「20か国財務大臣・中央銀行総裁会議声明（仮訳）（2014年2月22−23日於：豪州・シドニー）」。

社会資本崩壊が深刻化し，1990年代のクリントン政権における長期的課題のひとつは公共投資の拡大であった（奥野［2006］）。

アメリカの社会資本の劣化は現在でも問題とされており，アメリカ土木学会（ASCE）は2013年のインフラ・グレードをD＋（Poor）とし，2020年までに必要な3.6兆ドルと推計している（ASCE［2013］）。

日本においても，建設後50年以上の社会資本の割合が今後20年間で加速度的に増加していくことが見込まれている。例えば，道路橋では2013年にその割合が約18%なのに対して，2033年には約67%に達する予想である（国土交通省［2015a］）。高度経済成長期に整備された社会資本の老朽化が進んでいることから，アメリカと同様に日本でも維持管理・更新投資の問題は重要になっている。

そこで，次節では維持管理・更新投資を含む社会資本のあり方を経済学的に考察するための標準的な経済理論を紹介する。

2 社会資本の経済理論

2.1 最適な社会資本整備

第1節で述べたとおり，社会資本は様々な産業の基盤として，私たちの日常生活の基盤として，経済活動には必要不可欠なものである。社会資本の経済理論は，経済活動の中で社会資本が果たす役割を考慮に入れ，望ましい社会資本整備のあり方を示唆してくれる分析手法である[5]。

ここでは，経済分析で標準的に利用される経済モデルを用いて，最適な社会資本政策を解説する。社会資本の生産力効果の考え方に従えば，社会資本は経済の生産活動に寄与するものであるから，生産要素のひとつとして定式化できよう。生産活動には，他に民間資本と労働が必要であるとすると，経

5　本節で用いる経済モデルの基本的な設定はArrow and Kurz［1970］を簡略化したものである。奥野他［1994］は社会資本の経済理論を包括的に取り扱った文献である。

済全体で集計された生産過程は関数を用いて、以下のように表現することができる。

$$Y = F(K_p, K_g, L) \quad (4-1)$$

（4-1）において、Y は財の生産量、K_p は民間資本ストック、K_g は社会資本ストック、L は労働投入量であり、F は一次同次かつ各々の生産要素に対して増加関数である。（4-1）で表現される関係のことを生産関数という。民間資本ストック、社会資本ストック、労働投入量が決まれば、（4-1）を通じて生産量が決定される。以下では、簡単化のために労働投入量を1に基準化する。

民間資本ストックと社会資本ストックは、それぞれの資本への投資を通じて時間をかけて形成される。他方で、資本は使用や時間経過とともに失われていくため、資本ストックを考える際には投資に加えて使用・経年劣化による減少分も考慮しなければならない。資本ストックが投資量による増加分と使用・経年劣化による減少分の差に応じて時間とともに変化をしていく過程を資本蓄積という。

民間資本と社会資本の資本蓄積は数式を用いると、以下のように表すことが出来る。

$$\Delta K_p = I_p - \delta_p K_p \quad (4-2)$$

$$\Delta K_g = I_g - \delta_g K_g \quad (4-3)$$

ただし、Δ は2種類の資本ストック量の時間による変化を表す記号とし、I_p と I_g は投資量、δ_p と δ_g はそれぞれ民間資本と社会資本の減耗率を表している[6]。（4-2）と（4-3）の右辺第1項は投資量、第2項は資本減耗を意味する。

6　（4-2）を例にすると、時間の単位を t として、$\Delta K_p = K_p(t+1) - K_p(t)$ を意味する。時間の単位を年単位とすれば、ΔK_p は今年の民間資本ストックと翌年の民間資本ストックの差額を表している。

このようにして（4-2）と（4-3）を通じて形成された2種類の資本ストックと労働を用いて生産された財は人々により消費されるか，資本蓄積のための投資に用いられる。したがって，人々による私的消費量を C で表すことにすれば，次式で表される資源制約式が成立しなければならない。

$$Y = C + I_p + I_g \qquad (4-4)$$

人々の消費活動を行う理由は人々が消費によって効用を得るからである。そこで，人々の効用水準と私的消費量の関係を次のように表すことにしよう。

$$V = U(C) \qquad (4-5)$$

（4-5）において，V は人々の効用水準，C は私的消費量であり，U は増加関数であるとする。（4-5）で表現される関係のことを効用関数という。以下では，議論の簡単化のために代表的個人を想定し人口水準が1に基準化されているとする。

社会的に見て望ましい社会資本政策は社会厚生を最大にするように決定されると考えよう。ここでは，社会厚生関数は人々の効用の割引現在価値によって以下のように定義する。

$$W = \sum_{t=0}^{\infty} \left(\frac{1}{1+\rho}\right)^t V \qquad (4-6)$$

ただし，W は社会厚生水準，ρ は社会的割引率で正の値をとるものとする。社会的割引率とは社会的に見て将来の効用の価値を現時点の効用の価値との対比でどの程度重視するのかを表すものである[7]。

要するに，人々が現在から遠い将来までに得る効用の価値を現時点の価値基準に直して合計した（4-6）の値が最大となる政策が経済にとって最適な政策であると考えるのである。

---

7 時間の単位が1年単位で，V の値が一定のときを考えれば，現時点（$t=0$）の効用の価値は V であり，1年後（$t=1$）の効用の価値は $V/(1+\rho)$ として評価をするという意味である。

（4-1）〜（4-5）の条件の下で，（4-6）を最大にすることを目標とする最適化問題を解き，民間資本と社会資本の最適投資条件を導出すると，次の条件を得る[8]。

$$r_p = r_g \qquad (4-7)$$

ただし，$r_p = F_p - \delta_p$ は民間資本の純収益率，$r_g = F_g - \delta_g$ は社会資本の純収益率であり，$F_x = \partial F / \partial K_x (x = p, g)$ である。（4-7）は民間資本の純収益率と社会資本の純収益率が均等化することを要求するもので，**純収益率均等化条件**となっている。

$r_p > r_g$ であれば，社会資本よりも民間資本に投資するほうが，より多くの生産を増やすことができるため，民間資本に対する投資を増やすことになる。このとき，民間資本の蓄積が促されるが，同時に民間資本の純収益率は低下していくことになる。

逆に，$r_p < r_g$ であれば，先ほどとは反対に社会資本に対する投資を増やすことが望ましくなる。しかし，社会資本の蓄積に伴い，社会資本の純収益率は低下していくことになる。したがって，資本による生産性を最大限に高めようとすれば，民間資本と社会資本の純収益率が均等化することが必須となるのである。

2.2　最適政策の図解と拡張分析

（4-7）の経済学的意味は既に説明した通りであるが，ここでは図表を用いて，最適政策について解説していくことにする。**図表4-5**の社会資本

---

[8] ここでは，代表的個人を前提に集計された生産関数を用いて最適政策を考察しているため，社会資本の特性（排除不可能性，共同消費性など）による市場の失敗の影響は明示的ではない。そこで，この点について少し言及しておくと，次のことが言える。多数の個人が存在する状況で，社会資本投資を個々人が行う場合，個々の社会資本投資による限界的な生産増加は極めて微小なものになる。他方で，投資負担は投資する人の数にかかわらず自分の可処分所得を確実に減少させる。したがって，社会資本投資の負担を行わない人が出てくることになるが，社会資本は公共財特有の性質を有しているため，そうした投資負担を行わない人に対しても一定程度の便益をもたらしてしまう（フリーライダーの問題）。ここに，民間供給による社会資本投資の過少投資・供給の問題（市場の失敗）が生じてしまうことになる。

収益率曲線と民間資本収益率曲線は，（4-7）の右辺と左辺に表れているそれぞれの純収益率を総資本（民間資本と社会資本の合計）に対する社会資本の配分比率の関数とした場合のグラフである。

先に見た通り，収益率が高い資本に投資を行うことが望ましい。例えば，E点より左側の領域では，社会資本投資を行うことが望ましいため，社会資本が蓄積されていくことになる。しかし，それに伴い民間資本と社会資本の収益率の差は縮小していき，最終的に均等化する。一度，均等化してしまえば，それ以上どちらかの資本に多く投資する必要性はなくなる。逆に，E点の右側の領域ではそれと正反対の議論が成立するため，先に見た通り，2つの資本の収益率が均等化する点が最適な状態となる。

したがって，望ましい社会資本の配分比率は交点Eで決まる値s^*となる。このとき，最適収益率は当然ながら$r_p^* = r_g^*$となる水準である。資本収益率の値は統計データから計算可能であり，実際に日本における値を推計・計算した最新の実証研究では社会資本の収益率が民間資本の収益率を上回っていることが報告されている（宮川他［2013］）。

資本収益率は資本の増大とともに低下する性質を持っているため，この実証結果は社会資本ストックが最適水準に比べて相対的に低い水準であることを示唆するものである。例えば，**図表4-5**のs_0は社会資本への最適配分比率s^*に比べて小さい値である。このとき，s_0に対応する社会資本収益率はG点，民間資本収益率はF点で与えられるが，$r_g^0 > r_p^0$となっていることが確認できよう[9]。

次に，この基本的な考え方を拡張・応用し，社会資本整備を巡る議論の中で注目を集めている維持管理・更新投資のあり方について考察する。維持管理・**更新投資**についてはいくつかの定式化が提案されているが，ここではギリシャ人経済学者カリヴィティスらによる維持管理費依存型の内生的資本減

---

[9] こうした社会資本不足によって生産量は最適水準に比べて過小となることが知られている。（4-1）式と宮川他［2013］の研究結果を考慮に入れて，社会資本の総生産への効果を計算すると，$dY/dK_g = F_g - F_p > 0$が得られる。この式は社会資本ストックの追加的増加によって生産を追加拡大可能であることを示している。なお，（4-7）式は純生産量（$Y - \delta_p K_p - \delta_g K_g$）を最大にする社会資本・民間資本水準である。

▶ 図表4-5 社会資本の最適配分比率

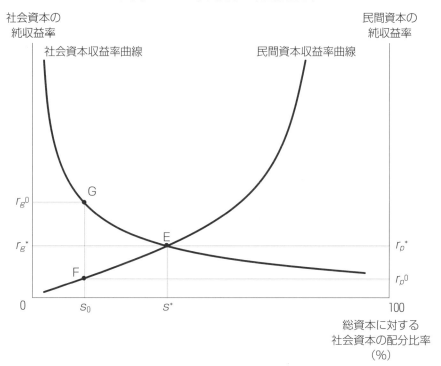

耗率モデルに基づく議論を紹介しよう（Kalyvitis and Pilippopolas [2004]）。

彼らは，社会資本の減耗率が維持管理費の減少関数と仮定した。つまり，維持管理費の支出額が大きいほど，社会資本の減耗速度が鈍化する（社会資本の寿命が延びる）構造を想定した。したがって，維持管理費の追加的支出は社会資本の純収益率を上昇させる。

このとき，図表4-5の社会資本収益率曲線は上方に移動し，相対的により多くの社会資本への資源配分が可能となる。他方で，維持管理支出の増大は民間資本投資や社会資本の新設投資に必要な資源を犠牲にしなければ実現できない。ここに維持管理・更新投資と新設投資のトレードオフが生じることになる。

最適な維持管理支出の規模はそれによる社会資本の寿命伸長の追加的経済便益と他の資本投資機会が失われるという追加的経済費用が相殺されるとこ

ろで決定される．したがって，その水準を決定するのは，維持管理支出が資本減耗をどの程度減速可能かということになる．

上記の点を考慮して，日本における社会資本政策の最適性を再度考えてみると，新設投資または既存の社会資本の更新に際しては，生産性の面だけでなく維持管理などの面で効率の良い社会資本整備という観点がこれまで以上に必要となると言えるのではないだろうか．

3　日本における社会資本整備の課題

第2節では，社会資本の整備の基本的あり方について，社会資本の経済理論に基づいて考察し，社会資本の蓄積に対して影響を与える経済的要因と最適社会資本政策の関係が明らかにされた．特に，そこでは主要国に共通する社会資本整備の課題は維持管理・更新について着目したが，日本における社会資本整備に関しては，これに加えて，日本に特徴的な2つの経済社会環境についても言及を要するだろう．

3.1　財政制約

社会資本整備における日本が抱える課題のひとつは，主要国の中でも最大規模の財政赤字と累積債務を抱えていることである．これは，財政面から社会資本政策の実行可能性を制約するものである．日本の政府債務対GDP比は，その水準が年々上昇傾向にあり，この状況が継続する場合には，日本の財政はいずれ維持不可能となることが指摘できる[10]．

そうした状況を回避するためにも，財政再建が急務であるが，財政再建の過程においては，前節で見た社会資本の最適配分を実現することは現実的には困難であるといえる．社会資本の不足が経済成長の足かせになることを考慮に入れると，財政を維持可能とするための財政再建の下で，生産性低下を

10　Kamiguchi and Tamai [2012] は非耐久的社会資本を想定した動学モデルを用いて，財政が維持可能になる条件を分析している．

最低限に抑えることが重要になる。したがって，次善の政策として，限りある財政資源をどのような社会資本に配分するか，新設投資と維持管理・更新投資にどのように配分するかということが問題となる。

第2節2.2の考察を想起すれば，新設投資，維持管理・更新投資のいずれがより少ない支出額で大きな経済的便益を創出できるかが重要であると結論付けることができる。また，政府が提供できる財政資源に限りがある下では，政府による直接供給以外に民間活力を利用した社会資本の供給方法が模索されるべきであろう。

社会資本の供給に関する民間部門の役割については，ジョージア大学のチャタージー教授らが，動学的一般均衡モデルを用いて「社会資本の供給について，適正な補助金政策が実施されるならば民間供給のほうが政府供給よりも望ましい」ことを示すことで，PPP/PFIの理論的妥当性を動学的に提示している（Chatterjee and Mahbub Morshed [2011]）。彼らの結論が導かれる理由は，端的に言えば以下のようなことである。

民間供給の場合，社会資本サービスの利用頻度を自ら選択することが出来るため，民間主体が望む生産水準を実現できる。他方で，利用頻度の選択による混雑効果が生じ，社会資本の利用頻度・社会資本投資はともに最適水準から乖離する。このとき，所得税と社会資本投資補助金を適切に用いれば，それらの水準を適正化でき，社会的に見て望ましい経済状態を実現できるのである。

彼らの議論と第2節の分析に基づけば，財源が十分ではなく，政府直接供給が困難な中で社会資本の供給をしていくためには，官民による役割分担がその貴重な手段といえる。他方で，彼らのモデルでは資本市場が十分に機能することを仮定している点には留意すべきである。これは，望ましい均衡状態の実現のために，インフラファンド市場の存在が必要不可欠であることを示唆するものであるといえよう。

日本においても，既に高速道路民営化が実施され，公共施設の指定管理者制度が導入されるなどしており，経済理論が示唆する政策オプションを採用している。例えば，高速道路の民営化については，サービスエリア・パーキ

ングエリアのサービス向上などの成果を上げている一方で，東日本大震災や笹子トンネル事故など民営化時に具体的な枠組みが示されていなかった老朽化対策，大規模災害や事故への対応といった課題も指摘されている（国土交通省［2015b］）。

　民間供給によって，社会資本の最適供給を実現しようとするならば，適切なインセンティブを制度上付与しておく必要がある。民間経済主体は利益を最大にするなどの明確な目標の下で，コストを削減し目標実現へと業務運営を行う。しかし，目的に組み込まれていない，すなわちインセンティブを付与されていない事象への取り組みは当然の帰結として実施されない。老朽化対策という観点からは修繕・管理に対するインセンティブを持たせた補助金・助成金制度の整備が望まれるだろう。

3.2　自然災害

　日本の社会資本を考えていく上で，自然災害と社会資本の関係についても一考の余地があるだろう。周知の通り，日本は地震，台風による風水害が多い地理的環境にある。スイス再保険のリポートによると，日本の三大都市圏（東京・横浜，大阪・神戸，名古屋）は世界の大都市圏の災害リスクトップ10にすべてランク・インしている（Swiss Re［2014］）。同じく地震のリスクの高いアメリカの西海岸都市圏を除けば，主要先進国の中では自然災害へのリスクが際立って高いことが伺える。

　社会資本の中には，こうした自然災害に備えるための防災基盤型の社会資本（堤防，避難施設など）が含まれているが，これらは産業基盤・生活基盤型（道路，水道，港湾など）とは異なり，平常時における社会厚生への影響はほとんどなく負担のみが意識される社会資本であるといえよう。日本においては，非生産的社会資本の整備という固有の要因があり，生産的社会資本の不足が生じている可能性がある。

　しかしながら，他の社会資本や民間資本の機能を維持し，災害時のそれらの復旧を速やかに可能にするためには，こうした防災基盤型社会資本への投資も必要となる。厳しい財政状況の下で，どの社会資本にどれだけの財政資

源を割り当てるべきかが日本における最大の課題である。

4　今後の社会資本整備のあり方

　本章では，社会資本整備の現状を概観し，社会資本の経済理論に基づく最適政策について考察してきた。そこでは，主要先進国共通の現代的課題である維持管理・更新について経済学的視点から，維持管理・更新投資政策を含む望ましい社会資本整備のあり方が示された。

　他方で，厳しい財政状況にあり，自然災害リスクの高い日本において，政府単独で最適な経済状態を実現する社会資本整備を行っていくことは容易ではない。なぜなら，今後の社会資本の整備には財政資源制約上から来る「選択と集中」，自然災害リスクに備えた「設置・修繕の簡便さ」と「重要インフラの分散化」が要求されることになるからである。

　そうした中で，最適な経済状態ないし次善の経済状態を実現するための有効な政策手段としてPPP/PFIが提示できる。その際に重要となるのが，社会資本の外部性をいかに内部化するかという点である。社会資本にはその性質により，外部性を持つが，個々の社会資本が有する外部性の種類により，PPP/PFIと従来型の政府供給を適切に使い分ける必要がある[11]。

　PPP/PFIへの取り組みは日本においても本格化しつつあるが，民間・市場の活用という点ではインフラファンドの活用が不十分なことが指摘されている（国土交通省［2014］）。この点，イギリスにおいてはインフラファンドを積極的に活用し，2014年の投資計画の資金調達方法は，民間単独のものが全体の約66％を占めるまでに至っている（HM Treasury［2014, Ch.14］）。

　インフラファンドとインフラ・プロジェクトのファイナンス市場の存在は動学的に最適な状態の実現のために不可欠のものである。日本においても，2015年に東証インフラファンド市場が創設（日本取引所HP）されたが，ま

11　社会資本整備に限らず，様々な公共財について共通してPPP/PFIは重要である。この点については，奥野・栗田［2010］が包括的な議論を展開している。

だそれは緒に就いた段階であるといえよう[12]。インフラ関連市場の整備を積極的に行っていくことが，日本の社会資本整備にとって必要となろう。

（玉井　寿樹）

参考文献

- 奥野信宏［2006］『公共の役割とは何か』岩波書店。
- 奥野信宏・栗田卓也［2010］『新しい公共を担う人々』岩波書店。
- 奥野信宏・焼田党・八木匡［1994］『社会資本と経済発展―開発のための最適戦略』名古屋大学出版会。
- 国土交通省［2014］「国土交通白書2014」。
- 国土交通省［2015a］「国土交通白書2015」。
- 国土交通省［2015b］「高速道路機構・会社の業務点検」。
- 内閣府［2012］「日本の社会資本2012」。
- 宮川努・川崎一泰・枝村一磨［2013］社会資本の生産力効果の再検討『経済研究』，第64巻3号240-255頁。
- Arrow, K.J. and Kurz, M.A. ［1970］ *Public Investment, the Rate of Return, and Optimal Fiscal Policy*, Johns Hopkins University Press, Baltimore.
- American Society of Civil Engineers ［2013］ *Report Card for America's Infrastructure* (http://www.infrastructurereportcard.org/).
- Aschauer, D.A. ［1989］ Is public expenditure productive? *Journal of Monetary Economics*, vol.23, 177-200.
- Bom, P. and J.E. Ligthart ［2014］ What have we learned from three decades of research on the productivity of public capital? *Journal of Economic Surveys*, vol.28, 889-916.
- Chatterjee, S. and Mahbub Morshed, A.K.M. ［2011］ Infrastructure provision and macroeconomic performance, *Journal of Economic Dynamics and Control*, vol.35, 1288-1306.
- HM Treasury ［2014］ *National Infrastructure Plan 2014*.
- IMF ［2014］ *World Economic Outlook 2014, October*.
- Kalaitzidakis, P. and Kalyvitis, S. ［2004］ On the macroeconomic implications of maintenance in public capital, *Journal of Public Economics*, vol.88, 695-712.

12　日本取引所ホームページ「インフラファンドの概要」を参照のこと（http://www.jpx.co.jp/equities/products/infrastructure/outline/index.html）。

- Kamiguchi, A. and Tamai, T. [2012] Are fiscal sustainability and stable balanced-growth equilibrium simultaneously attainable? *Metroeconomica*, vol.63, 443-457.
- Swiss Reinsurance Company Ltd [2014] *Mind the risk: A global ranking of cities under threat from natural disasters.*

経済のグローバル化と公共政策

第5章

税務行政
―国境を越えた租税回避に対峙する―

1　タックス・ヘイブンは何が問題か

　経済のグローバル化は税務行政に大きな影響を及ぼしている。図表5-1には，海外に現地法人を持つ企業の数と国外送金のための調書を提出した件数の推移が描かれている。これを見ると，1990年代後半から，ほぼ一貫して，両者ともに増加の一途をたどっていることが確認できる。このことはグローバル化の進展とともに税務行政上の事務処理負担が増加していることを意味している。

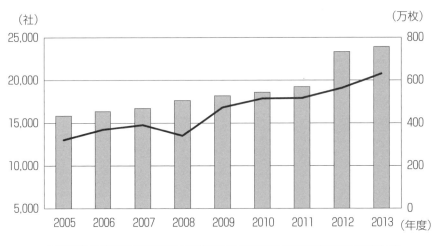

▶図表5-1：海外現地法人企業数と国外送金等調書の提出枚数の推移

出所：国税庁「国税庁レポート2009, 2015」をもとに筆者作成。

▶ 図表5-2：海外取引等に係る申告漏れ件数の推移

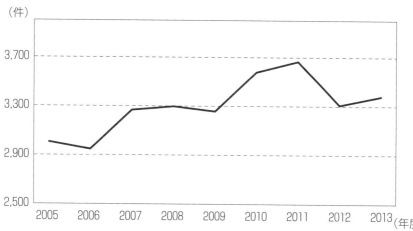

出所：国税庁「国税庁レポート2009, 2015」をもとにより筆者作成。

図表5-2には，海外取引等に関係して生じた税の申告漏れ件数の推移が描かれている。2011年に若干の落ち込みは見られるものの，その件数は2013年までの8年間で10％程度の増加を見せている。このような申告漏れは，納税者間の税負担の公平性を歪めたり，納税者全体の**タックス・コンプライアンス**を引き下げ，税収の安定確保を妨げたりする恐れがある[1]。税務当局は，経済のグローバル化がもたらした事務処理負担の増加と申告漏れの増加という二重の課題に対峙しているのである。

国際的な経済活動が申告漏れにつながる背景には，いくつかの理由が考えられる。例えば，従来の国内租税制度が経済のグローバル化に十分対応できておらず，申告ミスを招いているのかもしれない。あるいは，複雑な経済活動に対して，各国の税の適用範囲が不明瞭になったり，企業と税務当局の間で国内税制に関する認識のずれが生じたりすることもある。このような故意ではない形での申告漏れとは異なり，我々が特に注意すべきことは，税制の網の目を掻い潜って**国際的租税回避**を試みる経済主体が存在することであり，

---

1 本章では，納税者が，租税の軽減を図ることなく，租税法を遵守し，自発的に納税義務を履行しようとする意識をタックス・コンプライアンスとして定義している。

またその機会を提供する**タックス・ヘイブン**と呼ばれる国・地域が存在することである。

　タックス・ヘイブンを活用した国際的租税回避は，タックス・ヘイブンではない国（非ヘイブン国）の財政に損失をもたらす。例えば，アメリカの経済学者クラウジングの推計によれば，本来アメリカ合衆国に納税すべき企業が行う国際的租税回避を通じて，2002年に850億ドルを超える税が失われたとされている（Clausing [2009]）。また，2015年に公表された国税庁の報告によれば，後述する**移転価格**と呼ばれる国際的租税回避行為を通じて，日本では2013年度に537億円の申告漏れが生じたという。

　タックス・ヘイブンの存在は，財政面だけではなく，非ヘイブン国の経済にも影響を及ぼしかねない。代表的な影響としては，生産能力の高い企業ほど税負担軽減のためにタックス・ヘイブンに拠点を移すため，タックス・ヘイブンの存在が非ヘイブン国の平均生産力を低下させてしまうというものがある（Baldwin and Okubo [2009]）。また，生産性の高い企業の流出が国内生産力の低下に直結しやすい場合，非ヘイブン国は企業流出を避けるために税率を引き下げざるをなくなり，結果として税収が減少し，公共財の供給不足を招く恐れもある（Krautheim and Schmidt-Eisenlohr [2011]）。さらに，タックス・ヘイブンは情報の開示に消極的な場合が多く，マネーロンダリングと結びつきやすいという指摘もなされている。

　タックス・ヘイブンの数を減らしたり，国際的租税回避を排除したりすることは容易なことではない。タックス・ヘイブンにも課税自主権があり，その国・地域の事情に応じて税の軽減が図られているのであり，タックス・ヘイブンに租税優遇措置の撤廃を強要することはできない。また，国際的租税回避に対抗するには，単純に税務専門官を増員させるだけでなく，国内外の租税法や租税条約に精通する人材の育成や，国家間連携の強化などが求められる。国際的租税回避を抑制するために取り締まりを強化する場合，それによって増加する税務行政コストが財政の硬直化を招くかもしれない。

　もう1つ注意すべきことは，先進国も国際的租税回避の温床となり得ることである。後述するように，多くの場合，タックス・ヘイブンは目立った産

業がなかったり，労働力や資源の乏しかったりする国・地域である。しかし，アメリカ国内の租税回避に詳しい米議会図書館研究員グラベルは，**情報の開示**に消極的であったり，ペーパーカンパニーを設立しやすかったりするなどの理由から，アメリカ合衆国のネヴァダ，オハイオ，デラウェアの3州がタックス・ヘイブンとして利用されていると指摘している。また，彼によると，類似の理由からオランダやポーランドなどもタックス・ヘイブンの温床となっているという（Gravelle［2009］）。

2　国際的租税回避が生じる背景

2.1　どのような国・地域がタックス・ヘイブンになるのか

　企業に対する税の優遇措置を講じるインセンティブが高く，タックス・ヘイブンとなりやすい国はどのような特徴を持っているのであろうか。この問いに対しては，ヨーク大学のブコベットスキー教授の一連の研究が示唆を与えてくれている（Bucovetsky［1991］，Bucovetsky and Haufler［2008］）。

　彼の一連の研究では，人口が少ない国や資源の乏しい国ほど外国企業に対して租税優遇措置を設けるインセンティブを持つという見解が示されている。生産投入要素を調達する視点で見れば，労働力や資源が乏しい国は，そうでない国に比べて，生産拠点としての魅力が劣っている。また，輸送コストや輸送中の商品の品質劣化を考えるならば，消費者の少ない国に生産拠点を構えることは企業にとって望ましくない。

　一方，経済が成長するには産業を育成することが重要であるが，人材や資源の乏しい国が独力で産業を育成することは難しい。そのため，労働力や資源の乏しい国が経済発展を目指すためには外国企業を誘致する必要があり，そうした国は外国企業に対して租税優遇措置を設けようとするというのである。

　実際，OECDによってタックス・ヘイブンとみなされている国の多くは，領土や人口規模が小さく，目立った特産物も持っていない。

他方で，タックス・ヘイブンと呼ばれる国・地域の多くは，イギリスに倣った商法や議会制を持ち，ニューヨークやロッテルダム，東京といった主要な資本輸出都市へのアクセスが良く，公用語の1つとして英語が用いられている傾向があるということがシカゴ大学のダルマパラ教授らによって明らかにされている（Dharmapala and Hines［2009］）。

彼らの研究で特に注目されるのは，政治的安定性や法律の整備，汚職対策の徹底度などを考慮した統治力指標を用いて，タックス・ヘイブンが高い統治力をもつことが示された点である。ブコベットスキー教授が示唆するように，独力で産業を育成していく力が弱い国がタックス・ヘイブンになりやすい一方で，そのような国の中でも特に統治力が高くないとタックス・ヘイブンにならないというのは，どのように説明できるのであろうか。

海外投資家の立場からすると，政治体制の急な変化や政策変更，あるいは情報漏えいなどが頻繁に生じる国は投資先としては不適である。統治力が高い国ほど，それまで確約していた租税優遇措置を急に撤廃するなど，海外投資家の不利益につながる政策を執らないことが期待できる。そのような期待を前提にすれば，統治力の高い国・地域ほどタックス・ヘイブンになることで多額の海外投資を呼び込むことができるのであろう。

2.2　企業はどのように租税を回避するのか

税負担の面で魅力があるとはいえ，市場が小さく生産拠点としても魅力的ではない国・地域に企業が進出することに，疑問を感じる人がいるかもしれない。この疑問は，国際的租税回避に関する2つの典型的な手法を理解することで解消されるであろう[2]。

第1は，グループ企業間で取引を行うときに，取引価格を操作してグループ全体の税の軽減を図る方法である。これは移転価格（transfer pricing）

2　以下で挙げる例は，どちらも利潤が内部留保されずに株主に分配されることを前提としている。もし企業がタックス・ヘイブンで生じた利潤を内部留保し続けた場合，源泉地課税原則に基づいて日本の課税の対象から外れ，国際的租税回避を許してしまう。そこで，日本では，一定の条件を満たしたタックス・ヘイブンにおける内部留保額を日本の株主の所得とみなす，タックス・ヘイブン対策税制が導入されている。

▶ 図表5-3：移転価格の例

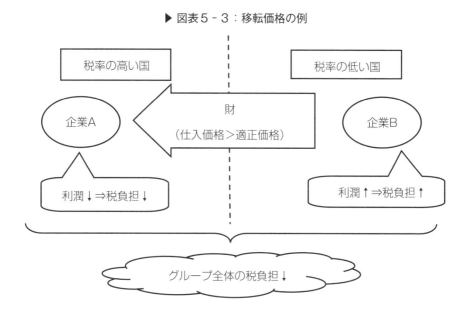

と呼ばれる。例えば，高い税率を課す国の企業Aが税率を低く抑えている国に立地する系列企業Bから財を仕入れるとしよう（図表5-3）。このとき，適正価格よりも仕入れ価格を高めに設定すれば，仕入れ価格が高くなる分だけ，企業Aの利潤が小さくなり，利潤にかかる税負担は小さくなる。一方，企業Aへの販売価格が高くなるので，企業Bの利潤や税負担は大きくなる。このとき，税率を低く抑えている国における企業Bの税負担が増えるが，高い税を課す国における企業Aの税負担が大きく減るので，グループ全体の税負担は軽減することになる。

第2の手法は，グループ内の金銭貸借を通じて税負担の軽減を図る方法であり，債務を通じた利潤シフトを意図するものである[3]。例えば，企業Cがグループ内の企業Dから出資の形で資金調達をした場合，出資の対価として支払う配当は損金算入できない。しかし，企業Dから同じ金額を借り入れた場合，借入の対価として支払う利子は費用として損金算入できる。した

3　海外ではEarnings strippingと呼ばれる手法である。

がって，企業Cは企業Dから出資ではなく借入という形で資金調達することで，利潤にかかる税負担を軽減することができる。もし貸手の企業Dが税率を低く抑えている国に立地していれば，企業Cからの受取利子にかかる税負担を抑えられるので，グループ全体の税負担を軽減させることができる。

2.3 どのような企業が租税回避を行うのか

　企業が国際的租税回避を行うかどうかは，株主の出資比率と関係していると考えられる（Schindler and Schjelderup [2012]）。例えば，新しい地域に進出するとき，現地のニーズや商業活動上の慣習などを把握する必要があるため，多国籍企業は地元企業と合弁で現地法人を立ち上げることがある。債務を通じた利潤シフトのような国際的租税回避は，多国籍企業にはメリットがあるが，合弁する地元企業に便益をもたらすわけではない。したがって，合弁企業に対する地元企業など小口株主の出資比率が高まるほど，多国籍企業は債務を通じた利潤シフトのような国際的租税回避に消極的になると考えられる。

　また，企業の租税回避行為は，CEOなど経営幹部のタックス・コンプライアンスとも関連しているという指摘がテネシー大学のシズ教授によってなされている（Chyz [2013]）。彼は，1996年から2002年のおける企業の経営幹部が行ったストック・オプションに関するデータを用いて，経営幹部が個人所得税に対して抱くタックス・コンプライアンスと企業の租税回避行為の関係を調査した。それによると，タックス・コンプライアンスの低い個人が経営幹部に就任している期間は，その前後の期間に比べて，企業が租税回避行為に関与しやすかったという。

　逆に，どのような企業が租税回避行為に消極的になるだろうか。租税回避行為に関する報道と株価の変動の関係を考えた場合，小売業は他の業種に比べて租税回避が生じにくいかもしれない。ミシガン大学のスレモッド教授らの研究によれば，租税回避行為に関する報道は企業の印象や取引先との関係を悪化させるなどして株価の下落につながる可能性があり，特に小売業にお

いては租税回避の報道に伴う企業の株価下落が大きいという（Hanlon and Slemrod［2009］）。

3 対抗措置が機能しない背景

3.1 情報開示

　1970年代初頭に始まった古典的な租税回避研究は，純期待限界便益を引き下げるように取り締まりを強化することが租税回避の抑制に有効であると指摘している。しかし，タックス・ヘイブンは必ずしも課税ベースに関する情報を提供するとは限らないので，取り締まりを強化するだけでは国際的租税回避に伴う純期待限界便益を引き下げることはできない。そこで，非ヘイブン国同士が連携して情報を共有し，タックス・ヘイブンに情報開示を求める努力が必要になる。

　そもそもタックス・ヘイブンは非ヘイブン国に対して情報を開示するインセンティブを持つのだろうか。この研究を最初に取り組んだのが欧州の2人の経済学者バチェッタ教授とエスピノサ教授である（Bachetta and Espinosa［1998］）。彼らは，情報開示は低い税率を課す国にとって税収の増加につながり得るという理論仮説を提示している。情報の秘匿は，海外投資家に国際的租税回避の機会を与えるため，海外から資本を呼び込む政策手段の1つとなる。しかし，もし情報を非ヘイブン国に提供するならば，情報を受けた国は海外に流出した資本に課税できるようになり，資本の海外流出による税収減少を危惧しなくなる。そのため，情報を入手した非ヘイブン国は資本の海外流出を抑える目的で減税をしなくなる。非ヘイブン国における資本税率の上昇は低税率国への資本流入をもたらすので，結果的に低税率国の税収が増加することになるのである。

　情報開示にメリットがあるにもかかわらずタックス・ヘイブンが情報開示に消極的であるとすれば，情報開示を求める非ヘイブン国側の取り組みに問題があるのかもしれない。マックスプラン研究所のエルサイド教授とコン

ラッド教授は，いわゆる **OECD リスト**の運用方法に疑問を投げかけている（Elsayyad and Konard [2012]）。OECD リストは，1998年の OECD の定義に基づいてタックス・ヘイブンをリストアップしたもので，2000年以降，タックス・ヘイブンから情報開示への同意を引き出す手段としても活用されている。具体的には，情報開示に消極的な国・地域をブラック・リストに挙げ，情報開示について同意した内容に応じて，順次ブラック・リストあるいはグレー・リストから該当国を外していく取り組みが行われている。

OECD リストによって国際的にマイナスの印象を被ることを嫌い，リストアップされた国・地域のいくつかは，情報開示に応じる意思を表明している。しかし，OECD が行っているような逐次的な取り組みでは，情報開示に同意した国・地域が増えるほど，残存する国・地域に対するタックス・ヘイブン市場の価値が高まり，それらの国・地域から情報を引き出すことが困難になる。

そこで彼らは，タックス・ヘイブンから情報を引き出すためには，該当する国・地域に逐次的にではなく一斉に対応する必要があると主張している。

3.2 租税優遇措置の見直し

一般的に，国際的租税回避への取り締まり強化が非ヘイブン国に便益をもたらす場合が多いが，タックス・ヘイブンによる過剰な租税優遇措置を取り除けない原因が非ヘイブン国側にもある可能性もある。ここでは，それを説明する3つの考え方を紹介しておこう。

第1は，非ヘイブン国の間で企業に対する実効税率に格差がみられるとき，高い税率を課す国にとって，少数のタックス・ヘイブンの存在を許すことがその国の利益につながり得るというものである（Johannesen [2010]）。タックス・ヘイブンの存在を許した場合，国際的租税回避を狙って企業の資本がタックス・ヘイブンに流れる。しかし，そうした国・地域が少数であり，ある程度国際的租税回避に対して厳しい対抗措置を維持していれば，タックス・ヘイブンに流動する資本は限定的となる。むしろそうした少数の国・地域に過剰な租税優遇措置をとらせることで，非ヘイブン国のうち税率の低い

国々から低税率を維持するメリットを奪い，それらの国々に税率引き上げのインセンティブを与えることができるのである。

第2は，債務を通じた利潤シフトを許すことが，非ヘイブン国の利益につながり得るというものである（Hong and Smart［2010］）。グローバル経済の下では，高い法人税率は生産拠点の国外流出を招き，その国の経済や財政を悪化させかねない。しかし，債務を通じた利潤シフトが行われる下では，タックス・ヘイブンに立地した金融子会社や研究開発機関が金銭や特許技術を生産拠点に貸し出す形をとる。そのため，企業の本社が立地する国の税率が上昇したとしても，生産拠点の国外流出は起こりにくい。その結果，高い法人税率に対して資本の国外流出が起こりにくく，またそれに伴う税収不足や国内厚生の低下も生じにくくなるのである。

第3は，移転価格への取り締まりを緩めることが，高い税率を課す国からの資本流出を抑える手段となり得るというものである（Peralta et al.［2006］）。特に，海外展開する多国籍企業と国内だけで生産活動する国内企業の間で差別的に法人税をかけられない状況では，多国籍企業を呼び込むために安易に税率を下げてしまうと，かえって全体の法人税収が下がる恐れがある。このようなときには，移転価格への取り締まりを緩めることで，生産拠点の海外移転を抑えることが期待できるのである。

4 求められる税務行政の姿と新たな課題

取り締まりを強化することで租税回避を抑えられるとはいえ，税務調査には多くのコストがかかる。また，他の犯罪とのバランスを考えると，租税回避に対して過剰な罰則を科すことは難しい。特に国際的租税回避の場合には，租税条約や他国の税制に精通した人材の育成や，国際規模での情報収集ネットワークの構築も必要となる。グローバル経済の中で効率的に税務行政を運営するためには，どのような経済主体が租税回避に関与しやすいのか，あるいはどのような状況において租税回避が生じやすいのかについて，これまで以上に理解を深めていく必要がある。

また，単純に取り締まりを強化するだけではなく，市民のタックス・コンプライアンスを高める取り組みも重要である。納税額が公共サービスから得られる便益と結びつきにくい状況では，納税者のタックス・コンプライアンスは低下する可能性がある。また，税や財政に対する市民の理解が不十分であるために，税に対して誤解や不満が生じ，市民が租税回避のインセンティブを持つようになるかもしれない。税制をわかりやすくし，税や財政に対する教育の充実を図ることは，租税回避の発生を未然に防ぐのに有効であるだろう。

国際的租税回避についてもう1つ注意しなければならないのは，租税回避を主な目的として供給される，**タックス・シェルター**と呼ばれる金融商品の存在である。演算処理技術や情報伝達技術の発達，経済のグローバル化により，1990年代以降，タックス・シェルターの市場は拡大している（Savino [2005]）。タックス・シェルターは富裕層を中心に多数の投資家に供給されるため，税収の不安定化を招くだけでなく，税の効率性や公平性を損ねる恐れがある。

国際規模にわたる複雑なスキームが構築されることが多く，タックス・シェルターへ対処することは容易ではない。タックス・シェルターは，税理士や弁護士など，国際的な税務や法律に精通した専門家が開発に関与していることが多く，またスキームには銀行や慈善団体など様々な経済主体が関与しており，実態の把握は容易ではない。

アメリカ合衆国におけるタックス・シェルターへの対抗措置の一例として，本庄［2003］が**導管**の制限を挙げている。一般に，タックス・シェルターには導管と呼ばれる事業体が関与している。導管は控除など税務会計上の何らかの便益を獲得するが，それ自体は課税主体として扱われないため，その租税便益は投資家に配分されることになる。したがって，導管を活用できる条件を制限することによって，タックス・シェルターを開発しにくくすることができる。

過去にタックス・シェルターの開発や契約に関与した証券会社や投資家などを追跡監視する取り組みも行われている（中里［2002］）。また，過去に

タックス・シェルターに活用された制度の見直しも行われている。ただし，既に確認できているタックス・シェルターやそれに関与した経済主体は，氷山の一角でしかない。これらの取り組みから期待できる成果は限定的といえるだろう。

　また，過去に捕捉した事例をベースに取り締まりや制度改正に取り組む場合，タックス・シェルターの開発に対して対抗措置が後手に回る可能性が高い。言うまでもなく，投資家やタックス・シェルターの開発者に対して，一連の活動に関与したときの期待純便益を減らさなければならない。つまり，タックス・シェルターの市場を縮小させるためには，市場に参入する経済主体の特徴を捉え，彼らから市場参入のインセンティブを奪うことを念頭におき，対抗措置を構築することが重要となるのである。

（森田　圭亮）

参考文献

- 中里実［2002］『タックスシェルター』有斐閣。
- 本庄資［2003］『アメリカン・タックスシェルター：基礎研究』税務経理協会。
- Bacchetta P. and Espinosa M.P. [1995] Information sharing and tax competition among governments, *Journal of International Economics*, vol.39, 103-121.
- Baldwin R. and Okubo T. [2009] Tax reform, delocation, and heterogeneous firms, *Scandinavian Journal of Economics*, vol.111, 741-764.
- Bucovetsky S. [1991] Asymmetric tax competition, *Journal of Urban Economics*, vol.30, 167-181.
- Bucovetsky S. and Haufler A. [2008] Tax competition when firms choose their organizational form: Should tax loopholes for multinationals be closed? *Journal of International Economics*, vol.74, 188-201.
- Clausing K. [2009] Multinational firm tax avoidance and U.S. government revenue, *National Tax Journal*, vol.62, 703-726.
- Chyz J.A. [2013] Personally tax aggressive executive and corporate tax sheltering, *Journal of Accounting and Economics*, vol.56, 311-328.
- Dharmapala D. and Hines Jr. J.R. [2009] Which countries become tax havens? *Journal of Public Economics*, vol.93, 1058-1068.
- Elsayyad M. and Konard K. A. [2012] Fighting multiple tax havens, *Journal of*

International Economics, vol.86, 295-305.
- Gravelle J. G. [2009] Tax havens: International tax avoidance and evasion, *National Tax Journal*, vol.62, 727-753.
- Hanlon M. and Slemrod J. [2009] What does tax aggressiveness signal? Evidence from stock price reactions to news about tax shelter involvement, *Journal of Public Economics*, vol.93, 126-141.
- Hong Q. and Smart M. [2010] In praise of tax havens: International tax planning and foreign direct investment, *European Economic Review*, vol.54, 82-95.
- Johannesen N. [2010] Imperfect tax competition for profits, asymmetric equilibrium and beneficial tax havens, *Journal of International Economics*, vol.81, 253-264.
- Krautheim S. and Schmidt-Eisenlohr T. [2011] Heterogeneous firms, 'profit shifting' FDI and international tax competition, *Journal of Public Economics*, vol.95, 122-133.
- Peralta S., Wauthy X. and van Ypersele T. [2006] Should countries control international profit shifting? *Journal of International Economics*, vol.68, 24-37.
- Savino K.O. [2005] Changing the calculus: Making tax shelters unprofitable, *National Tax Journal*, vol.58, 471-482.
- Schindler D. and Schjelderup G. [2012] Debt shifting and ownership structure, *European Economic Review*, vol.56, 635-647.

第6章

排出量取引制度
―排出枠の政治的影響を回避する―

1 どのような政策で温暖化を防止するのか

　2015年11月，フランス・パリにおいて，国連気候変動枠組条約第21回締約国会議（COP21）が開催され，2020年以降の温室効果ガス排出削減に向けた新たな国際的枠組みである「パリ協定」が採択された。パリ協定は，平均気温の上昇を2℃未満に抑えることを世界共通の長期目標に掲げ，主要排出国を含むすべての国が削減目標を5年ごとに見直すことを定めた法的拘束力をもつ協定である。パリ協定は，地球温暖化阻止に向けた歴史的な国際合意であると高く評価され，現在，日本においても協定の締結・実施に向けた取組みや実行計画の策定が検討されている。

　地球温暖化阻止に向けて，あらゆる国が野心的な削減目標を掲げることは重要であるが，その達成は必ずしも容易ではない。パリ協定以前に同様の法的拘束力を有した国際環境協定として京都議定書が挙げられる。京都議定書は，1997年に京都で開催された国連気候変動枠組条約第3回締約国会議（COP3）で合意された削減目標（2008年から2012年の5年間で1990年比のマイナス6％（日本），マイナス7％（米国），マイナス8％（EU）など先進国が中心）を規定した国際環境協定である。現在，京都議定書は，2008年から2012年までの第1約束期間を終え，2013年から2020年までの第2約束期間（日本は不参加）にある。

　京都議定書は，「共同実施」，「クリーン開発メカニズム」，「排出量取引」といったいわゆる「京都メカニズム」として知られる制度を活用することで削減目標の効率的な達成を目標としている。特に**排出量取引**は，環境税と並

ぶ誘因依拠型の政策手段の一つであり，与えられた排出枠の総量を，無償あるいは有償で，企業など汚染排出源に対して配分し，各企業は自らの排出量に応じて，市場で排出枠を売買することにより，費用効率的に目標とする排出量（あるいは汚染削減量）を達成するための制度である。京都議定書の締結を契機に，温暖化問題を解決するための方策として，欧州諸国を中心に導入が進められ，またわが国においても，その導入に向けた検討が進められるなど，大きな注目を集める政策手段となった（高村［2015］，新澤［2015］）。

　ところで，ここで取り上げている環境政策にかかわらず，一般的に政府が策定する政策は，議会など政治的意思決定過程を通じて決まっており，近年，経済学の分野でも，このような政策決定における**政治的要因**を考慮した分析が多くの研究者によってなされている。特に，ストックホルム大学のペルソン教授とボッコーニ大学のタベリーニ教授は，国や地域の間で，あるいは，一国内でも時間を通じて観察される経済政策の大きな差異・変化の要因を説明するためには，「政治学と経済学の境界」に足を踏み入れる必要があるとし，政策分析における政治的影響を考慮することの重要性を指摘している（Persson and Tabellini［2002］）。

　本章では，政治的要因を考慮した場合，上述の排出量取引の分析はどのような影響を受けるのかを考えることで，EU ETS（EU域内排出量取引制度）が抱える問題の説明を試みる。それにより，今後日本において国レベルで排出量取引が導入された場合に考慮すべき点などについて考察してみたい。

2　排出量取引の現状と理論

2.1　日本の温室効果ガス排出量

　先述の通り，日本は，第1約束期間において，温室効果ガスの排出量を1990年比で6％削減する義務を負っている。日本の京都議定書の目標達成を判断する上での公式データは，環境省と国立環境研究所の温室効果ガスインベントリオフィス（GIO）が作成している温室効果ガスインベントリの数

第6章 排出量取引制度—排出枠の政治的影響を回避する— 79

▶図表6-1 日本の温室効果ガス排出量の推移

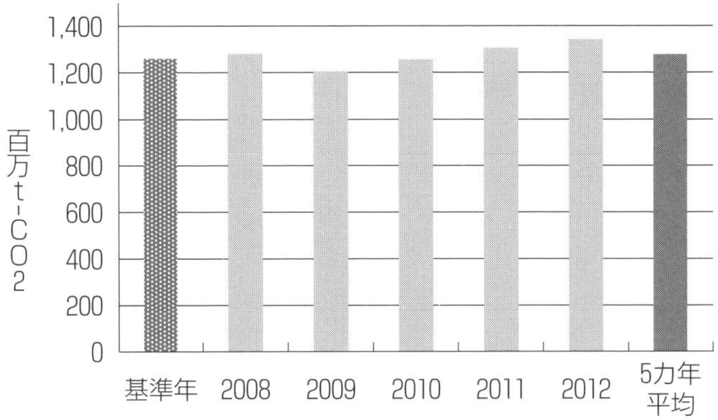

出所：GIO温室効果ガスインベントリオフィス：附属書Ⅰ国の温室効果ガス排出量と京都議定書達成状況（http://www.gio.nies.go.jp/aboutghg/data/2014/kp_commitment_140605.xlsx）。

値である。

図表6-1は，日本の第1約束期間における温室効果ガスの排出量の推移を示したものである。これによると，第1約束期間5カ年平均の総排出量は12億7,800万トンであり，これは基準年の総排出量12億6,100万トンに比べて1.4％の増加となっている。実際には，この数値から京都メカニズムによるクレジットや森林吸収源による吸収量を差し引いた11億5,600万トン（基準年比で－8.4％となる）が日本の実績となるため，京都議定書の目標自体は達成したことになっている。

しかしながら，この目標の達成には，2008年のリーマンショックによる景気後退とそれによる2009年の排出量の減少が大きな役割を果たしており，さらに総排出量自体は結果的に増加していることを考えると，温室効果ガスの排出を「削減」することがいかに困難であるかがわかる。

その理由として，例えば，高知工科大学の西條教授は，京都議定書がトップダウン的に排出量という「数量」を固定する形で削減目標を策定することで，その後は「価格」で調整するメカニズムを採用しているのに対して，環境税のように「価格」を固定し「数量」で調整する政策は不適合であると論じている（西條［2009］）。数量を固定する議定書のような協定に対しては，

やはり同様に数量を固定するような環境政策，すなわち排出量取引を国内対策として採用するのが有効である。

2.2 排出量取引の理論

簡単なモデルを用いて，排出量取引の効果を考えてみよう。図表6‐2は，汚染排出（E）による便益と費用を表したものである。MBは汚染による限界便益を表し，MDは限界被害を表している。社会的に最適な汚染の排出量は，両曲線の交点に対応するE^*である。排出量取引により社会的最適を達成するためには，政府はE^*に相当する量の排出枠を発行・配分し，各経済主体に取引させることで，排出枠価格τ^*が実現される。

このように排出量取引は数量（排出量）を固定し，価格（排出枠価格）を調整することで，社会的最適を実現する制度である。環境経済学の分野では，1960年代にカナダ人経済学者デイルによってその原型が提示されたのを契機に，1970年初頭に環境経済学者モントゴメリによって理論的根拠が示された（Dales［1968］，Montgomery［1972］）。現実の政策として温室効果ガスを対象とした排出量取引が導入されたのは，京都議定書以後の2005年に欧州連合が導入したEU ETS（EU域内排出量取引制度）が最初である。

▶図表6‐2　排出量取引のメカニズム

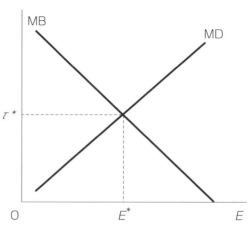

2.3 排出量取引市場

　EU ETSは，世界最大の排出量取引市場であり，EU全体のCO2排出の約45%をカバーしている。市場における取引単位はEUアロワンス（EUA）と呼ばれ，1アロワンスに対してCO2換算で1トンの排出を認めている。2005年から始まったフェーズ1は2007年までの3カ年であり，後に続くフェーズ2のためのテスト・ランとされている。2008年から2012年までのフェーズ2は，京都議定書の第1約束期間に相当する。現在は2013年から2020年までのフェーズ3にあり，EU加盟国28カ国に加えてアイスランド・リヒテンシュタイン・ノルウェーを加えた31カ国が参加している。

　図表6-3は，フェーズ1および2において各国に配分されたアロワンスの総量と実際の排出量の推移を示したものである。両フェーズにおいては，ほとんどのアロワンスは無償で配分されている。例えば，2005年のアロワンスの発行量は，約20億9,600万トンである。それに対して実際の排出量は，20億1,400万トンであり，実際の排出量に比べて過大な排出枠が発行されたことがわかる。このような傾向はフェーズ1を通じて続いた。

　フェーズ2においても，2008年を除いて，同様の傾向が続き，特に，フェーズ2の最終年である2012年においては，アロワンスの発行量21億6,900万トンに対して実際の排出量が18億6,700万トンと大きなギャップが生じた。

　アロワンスの配分量と実際の排出量のギャップは，アロワンスの価格にも大きな影響を及ぼした。フェーズ1が始まった当初にはアロワンス価格は大きく上昇したが，2006年4月において実際の排出量が確定すると価格は大きく下落している。同様に2006年および2007年においてもアロワンスの過剰な配分が行われたため，さらにはフェーズ1の排出枠はフェーズ2への繰り越しが不可能なため，フェーズ1の終わりには価格はゼロに近い数値となってしまった（Hintermann and Gronwald［2015］）。

　上述の通り，EU ETSにおいては，テスト・ランとは言うものの，特に，フェーズ1において実際の排出量に比べて過大な量の排出枠が発行され，排出枠価格の著しい低下が生じたことが特徴として挙げられる。言うまでもな

▶図表6-3　EU ETS におけるアロワンスの配分と実際の排出量

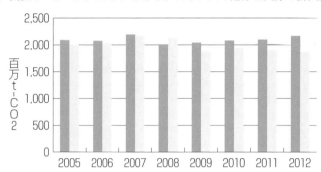

出所：European Environment Agency: EU Emissions Trading System (ETS) data viewer (http://www.eea.europa.eu/data-and-maps/data/data-viewers/emissions-trading-viewer).

く，排出枠市場は，排出枠が取引される市場であるため，その価格も市場における需要と供給に応じて決まってくる。そのため，排出枠価格の低下は過小な需要か過大な供給いずれかにより引き起こされたと予想される。前者については，フェーズ2の2008年に発生した金融危機がアロワンス価格の低下を引き起こしたことが指摘されている。

　それに対してフェーズ1における価格の低下は，供給側の要因，すなわち，排出枠の過大な供給が招いたものと考えることができる。伝統的な環境経済学が想定する博愛主義的な政策主体を考えて，そのもとで政策が実施されていれば，このような過大な排出枠と極めて低い排出枠価格は生じなかったであろう。逆にいえば，現実の排出量取引制度の導入によって生じた様々な問題には，何らかの政治的，もしくは利己的な政策行動が入り込んでいたと考えることができる。望ましい環境政策を実際に機能させるためには，これらの要素を取り込んだ分析が必要となってくる。

3 政治的要素を取りこんだ排出量取引の理論

3.1 排出量取引市場のモデル

簡単な理論モデルを用いて，排出総量の決定が政治的要因によって影響を受ける場合，それらは社会的に最適な水準からどのように乖離するのかについて考えてみよう。

経済には，N 産業と環境に配慮する一般市民が存在するものと仮定しよう。各産業内の企業数を1に基準化する。それぞれの企業は，環境利用（汚染排出）によって便益を得る。企業 $i(1,..,N)$ の環境利用による便益を $B_i(e_i)$ と表す。ただし，$B_i' > 0$ および $B_i'' < 0$ であり，e_i は企業 i の汚染排出量を表す。1単位の汚染排出には価格 τ を支払って排出枠の購入が必要であるとする。

企業 i の排出枠の初期割当量を l_i とすると，企業 i の排出枠の購入量（需要量）は，$e_i - l_i$ となる。反対に，企業 i の排出量が初期割当量を下回る場合には，企業 i は市場において価格 τ で排出枠を売却できる。

企業 i は自らの純便益 $\Pi_i = B_i(e_i) - \tau(e_i - l_i)$ を最大にするような汚染排出量 e_i を選択する。純便益最大化のための最適条件は以下のようになる。

$$B_i'(e_i) = \tau$$

純便益を最大にする企業は，汚染排出による限界便益（B_i'）が排出枠価格（τ）と等しくなるような排出量を選択する。$B_i'' < 0$ であるため，排出枠価格 τ の上昇は，排出枠に対する需要量（＝汚染排出量）を減少させる（数学的には $de_i/d\tau < 0$ と書ける）ことがわかる。

市民は，企業の汚染排出により，環境被害を受ける。各企業による汚染排出の合計を $E = \sum_i e_i$ とし，市民が被る被害の大きさを $D(E)$（$D' > 0, D'' > 0$）と表す。市民の効用は $V_g = y_g - D(E)$ と表されるものとしよう。ただし，y_g は市民が得る外生的な所得であるとする。

次に，排出枠市場について考える。まず，政府によって決定される排出枠の総供給量（排出総量）を L で表す。議論を単純化するため，すべての排

出枠は産業に対して無償で配分されるとしよう。無償で配分される排出枠のうち，企業 i が獲得する割合を β_i ($\in [0,1]$) で表すと，企業 i が獲得する排出枠の量は $\beta_i L$ となる。また，$\sum_i \beta_i = 1$ である。β_i は，企業 i の過去の汚染排出量に応じて決定された割合とし，一定であると仮定する。

排出枠の総需要量は，環境汚染の総量 $E = \sum_i e_i$ により表されるため，排出枠市場の均衡条件は，$E = \sum_i e_i = L$ となる。排出枠価格の上昇は排出枠に対する需要量を減少させるため，排出総量の増加は排出枠価格を低下させる（数学的には $d\tau/dL < 0$ と書ける）ことがわかる。

3.2 政府による政策決定

政府は，自らの効用を最大にするような排出総量 L を選択する。ここでは，2種類の異なる選好をもつ政府を考えよう。

第1のタイプは，社会的厚生の最大化のみに関心をもつ政府である。社会的厚生は，各企業の利潤と市民の効用を足し合わせたものであり，$W = \sum_i \Pi_i + V_g$ と表すことができる。したがって，この場合の政府の効用関数は以下のように書くことができる。

$$G_W = \sum_i \Pi_i + V_g$$

第2のタイプは，社会的厚生に加えて産業（企業の利潤）にも関心をもつ政府である。この場合，政府の効用関数は以下のように表現することができる。

$$G_b = \sum_i \Pi_i + aW$$

ここで，a (>0) は社会的厚生に対するウェイトを表わす。

以上のように効用関数が異なる2種類の政府を想定し，それぞれの政府が選択する排出総量を考えてみよう。まず，社会的厚生のみに関心をもつ政府の効用最大化問題は以下のように定式化される。

第6章 排出量取引制度―排出枠の政治的影響を回避する―

$$Max_L \quad G_W = \sum_i \Pi_i + V_g$$

政府は，自らの効用を最大にするような排出総量を選択する。効用最大化のための条件は次式のように得ることができる。

$$\sum_i \frac{\partial \Pi_i}{\partial L} + \frac{\partial V_G}{\partial L} = 0$$

ただし，∂は偏微分を表す記号であり，例えば，$\partial \Pi_i / \partial L$ は，Π_i を L で偏微分することを表す。

上式左辺の第1項は，排出総量 L の変化が企業の利潤に与える影響を表している。L の変化は，企業の利潤に2つの経路から影響を与える。

第1に，L の変化は，企業が政府から受け取る排出枠の価値 τl に影響を与える。まず，L の増加は個々の企業が受け取る排出枠の量も増加させるため，排出枠の価値は上昇する。他方では，L の増加は排出枠市場を通じて排出枠価格を低下させるため，排出枠の価値を低下させる。

第2に，L の変化は，企業の汚染費用に影響を与える。排出総量の増加は，排出枠価格を低下させる。これは企業にとって汚染費用の低下を意味し，利潤を増加させる方向に作用する。

両者を足し合わせると，第1の効果の負の効果と第2の効果が互いに打ち消し合うため，第1の効果の正の効果のみが残る。すなわち，L の増加は各企業の利潤の総和を増加させる。すなわち，$\sum_i \partial \Pi_i / \partial L > 0$ となる。

上式左辺の第2項は，排出総量の変化が市民の効用に与える影響を表している。L の増加は，排出量の増加を意味し，環境被害を増加させるため，市民の効用を低下させる。すなわち，$\partial V_g / \partial L < 0$ となる。

数学的には，上記の効果は企業の利潤 Π_i および市民の効用 V_g を L で微分することで得られる。数学的記述は省略するが，それらの項を上の政府の効用最大化の条件式に代入すると，以下の式を得る。

$$\tau - D'(L) = 0$$

社会的厚生の最大化を目的とする政府は，$D'(L) = \tau = B_i(e_i)$，すなわち，汚染排出による限界被害と限界便益が等しくなるような排出総量 L^* を選択する。

それでは，社会的厚生に加えて産業（各企業の利潤）にも関心をもつ政府はどのような水準の排出総量を選択するだろうか。この場合の政府の効用最大化問題は以下のように定式化される。

$$Max_L \quad G_b = \sum_i \Pi_i + aW$$

効用最大化のための条件は次式となる。

$$\sum_i \frac{\partial \Pi_i}{\partial L} + a \frac{\partial W}{\partial L} = 0$$

$\partial W / \partial L = \tau - D'(L)$ を上式に代入し，排出枠価格について解くと，次式を得る。

$$\tau = D'(L) - \frac{1}{a} \sum_i \frac{\partial \Pi_i}{\partial L}$$

上式は，産業に配慮する政府が排出総量を決定する場合において，排出枠市場で成立する排出枠の価格を表している。先述の通り，$\sum_i \partial \Pi_i / \partial L > 0$ であるため，$\tau < D'(L)$ となる。すなわち，排出枠の価格が限界被害よりも小さくなる。したがって，産業に配慮する政府が選択する排出総量は，社会的に最適な水準と比べて過大になることがわかる。過大な排出総量を選択することで，排出枠の価格が下落し，産業（企業）の利潤が増加するため，政府はこのような選択を行う誘因が生じるのである。

3.3　政治的影響と過大な排出枠

図表6-4を用いて，これまでの結論をまとめておこう。図表6-2と同様に，MBとMDは汚染による限界便益と限界被害を表している。社会的に最適な排出枠の発行量は L^* であり，その下で排出枠価格が τ^* となる。

▶ 図表6 - 4　排出量取引と政治経済

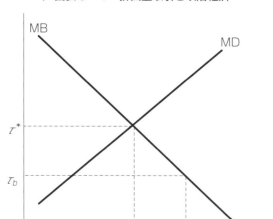

産業に配慮する政府は，L^*に比べて過大な水準の排出枠L_bを発行するため，排出枠価格τ_bはτ^*に比べて低くなる。政治誘因を有する政府が選択する排出枠の発行量は，効率的水準から乖離することがわかる。

4　排出量取引枠の政治的影響を回避する

4.1　グローバル化の影響

　前節では，政治的誘因を有する政府によって決定される排出総量の選択について考えた。産業に配慮する政府は，効率的水準に比べて排出枠の発行量が過大になり，その結果，排出枠価格の下落を招くことになる。このような政府による非効率な選択を正しい方向に導く方法は考えられないだろうか。
　先述の通り，EUは排出量取引制度によって地球温暖化問題の解決に取り組むと同時に，自由貿易協定（FTA）などいわゆる地域貿易協定（RTA）の締結にも積極的である。同様に，日本もTPP（環太平洋パートナーシップ協定）を始めとする他国との経済連携の強化に取り組みながら，温暖化対策のさらなる強化も検討している。排出量取引制度などの環境政策は基本的

には国内向けの政策であるが，環境に影響を与える生産や消費などの活動は，**グローバル化**の影響を受けるため，結果的に国内向けの環境政策にも影響を及ぼしうる。

　排出量取引とグローバル化の関係については，ブリティッシュコロンビア大学のコープランド教授らによって，京都議定書締結の問題と関連付けながら分析されている（Copeland and Taylor［2005］）。また，政治経済的側面からの環境税とグローバル化の関係については，アデレード大学のフレデリクソン教授が興味深い分析を行っている（Fredriksson［1999］）。

4.2　グローバル化は効率性を高めるか

　上記で触れた研究をもとに，ここでは排出量取引を政治的視点から考察した前節の結論が，グローバル化によってどのような影響を受けるか考えてみよう。前節における分析では，企業が生産する財の価格については省略していたが，本節ではグローバル化に伴う価格変化の影響を考えるため，企業が生産する財の価格を明示的に導入する。

　議論を簡単化するために，当該国は小国であると仮定し，財の数は2つに限定する。第1財を価値基準財（価格を1に基準化する）とし，この財の生産による環境汚染はないものと仮定する。第2財の生産は汚染を排出することで行われる。第2財の貿易前の価格を p とし，それは外国における当該財の価格 p^* よりも高いものと仮定する。このとき，この国が外国と貿易を開始すると，この財の国内価格は下落する。財価格の下落は政府が選択する排出総量にどのような影響を及ぼすだろうか。

　それについて考察するために，まず，価格を考慮した場合の企業の利潤について考える。企業の利潤は以下のように表すことができる。

$$\Pi = pX(e) - C(e) - \tau(e - l)$$

　ただし，$X(e)$ は生産量，$C(e)$ は生産費用を表し，ともに汚染の排出量 e に依存する。この式から明らかなように，財の価格の下落により，企業の利潤は減少する。これは，価格の下落が生産量の減少をもたらすことから生

じる影響によるものである。

　以上を考慮して，まず，産業に配慮する政府が選択する排出総量が価格変化によって被る影響を考える。前節において，産業に配慮する政府は，社会的に最適な水準に比べて過大な量の排出枠を発行することを示した。外国との貿易開始に伴う財価格の下落は，当該産業の生産量を減少させることで，産業の縮小をもたらす。これは2つの対立する効果を排出枠市場にもたらす。

　第1に，産業の縮小は，企業の排出枠に対する需要を減少させる。需要の減少により，排出枠価格は下落する。第2に，財価格の下落は，企業の利潤を低下させる。政府の効用関数は，前節で定式化された通り，$G = \Pi + aW$ と社会的厚生 W と企業利潤 Π の加重和となっているため，企業利潤の低下は，政府の効用関数における企業に対する重要度の低下を意味する。このため，政府が自らの効用を最大にするように選択する排出総量の水準は減少することになる。排出枠の供給量である排出総量が減少するため，排出枠市場において，排出枠価格が上昇する。

　最終的な排出総量の変化の方向は，上記2つの効果の大小関係に依存する。特に環境被害関数が，線形（$D'' = 0$）で表されるとき，第1の効果は消滅するため，財価格の下落は政府の選択する排出総量を減少させることになる。産業に配慮する政府は，効率的水準に比べて過大な排出総量を選択する。外国との貿易は，そのような過大な総排出量を減らすことになるため，この国の環境政策と環境汚染の水準を望ましい方向に変化させることがわかる。

5　グローバル化は環境政策を効率化する

　本章では，環境政策の中でも，比較的新しい政策手段である排出量取引に焦点を当て，政治的誘因をもつ政府による政策決定とそのグローバル化による影響について，理論的な視点から考察した。

　ある経済活動により環境汚染が排出されている場合では，汚染排出による限界便益と限界被害が等しくなるような水準が社会的に最適な排出量の水準である。排出量取引によって社会的最適を実現するためには，政府は限界便

益と限界費用が等しくなるような汚染水準に相当するだけの排出枠を発行し各経済主体に配分すればよい。経済主体間の自由な取引は，社会的に最適な排出量を最小の費用で実現してくれるのである。

　しかしながら，現実の排出量取引制度をみると，必ずしも理論が示唆するような結果をもたらしていないのが現状である。特に，EU ETS では，排出枠が実際に排出量に比べて過大に発行され，その結果，排出枠価格が著しい低下を招いてしまった。

　このような状況を経済学的に説明するために，政府による意思決定が政治要因に左右される状況を想定し，その下で政府が決定する排出総量を分析すると，それは効率的水準から乖離することが示された。すなわち，産業を重視する政府は効率的水準に比べて過大な排出総量を選択するのである。

　グローバル化を外国との貿易取引の活発化であると解釈すれば，それは政府による非効率的な排出総量の選択を正しい方向に変化させることができる。すなわち，グローバル化に伴う財価格の変化は，産業に配慮する政府の過大な排出総量を減らしてくれるのである。

　パリ協定の採択に伴い，近い将来日本においても国レベルでの排出量取引制度が導入されることも十分に考えられる。その場合，やはり EU ETS が経験した過大な排出量や排出枠価格の激しい変動など様々な問題が生じる可能性も否定できない。本章の分析によれば，環境政策の強化と並行してグローバル化を推し進めることにより，そのような事態を避けて一国の環境政策を望ましい方向に導ける可能性がある。

（河原　伸哉）

参考文献

- 西條辰義［2009］「第 1 講 地球温暖化の経済学」「環境リスク管理にための人材養成」プログラム編『地球温暖化の経済学』大阪大学出版会。
- 高村ゆかり［2015］「気候変動の国際制度の展開とその課題」新澤秀則・高村ゆかり編『シリーズ環境政策の新地平 2 気候変動政策のダイナミズム』岩波書店。
- 浜本光昭［2008］『排出権取引制度の政治経済学』有斐閣。
- 前田章［2009］『排出権取引制度の経済理論』岩波書店。

- 諸富徹［2009］『環境税の理論と実際』有斐閣。
- 新澤秀則［2015］「緩和の政策手段」新澤秀則・高村ゆかり編『シリーズ環境政策の新地平2 気候変動政策のダイナミズム』岩波書店。
- Copeland, B. R. and Taylor, M. S.［2003］Trade and the Environment, Princeton University Press.
- Copeland, B. R. and Taylor, M. S.［2004］Free Trade and Global Warming: A Trade Theory View of the Kyoto Protocol, *Journal of Environmental Economics and Management*, vol.49, 205-234.
- Dales, J. H.［1968］*Pollution, Property and Prices*, University of Toronto Press.
- Fredriksson, P. G.［1999］The Political Economy of Trade Liberalization and Environmental Policy, *Southern Economic Journal*, vol.65, 513-525.
- Hintermann, B. and Gronwald M.［2015］The EU ETS, In: Gronwald M. and Hintermann B.（Ed.）, *Emissions Trading as a Policy Instrument*, MIT Press.
- Montgomery, D. W.［1972］Markets in Licenses and Efficient Pollution Control Programs, *Journal of Economic Theory*, vol.5, 395-418.
- Persson, T. and Tabellini, G. E.［2002］*Political Economics*, MIT Press.

第7章

競争力強化の公共政策
―創造経済における価値源泉の創出―

1　創造経済とイノベーション

　グローバル経済の進展は，生産効率の上昇と技術進歩を加速化させた一方で，所得と富の偏在を加速化させ，先進国における雇用の場を縮小させてきた。アメリカの作家ダニエル・ピンクが主張したメッセージは，**格差社会**の未来に対して厳しい予見を含んでいる（Pink［2006］）。

　インド・中国といったアジアの国々が経済発展するに従い，高学歴労働者もアジアから大量に輩出されるようになってきた。これらの国々では，先進国よりも安い賃金で知的労働を供給している。しかも，インドでは英語を公用語としているため，英語を用いた仕事においてさえも，欧米と等しい競争条件で仕事をこなすことができている。ソフトウェア設計のような知的な仕事でさえも，先進国からインド・中国といったアジアの国々にシフトしているのである。

　コンピューターの発達も，知的労働者の仕事を奪う要因の一つとなっている。知的な仕事であったとしても，ルーティンの仕事であれば，コンピューターによって代わられる可能性が高いのである。コンピューターの人工知能が急速に向上している現在，ホワイトカラー労働者が仕事を失う危険性も，同様に高まっているのである。税務申告がコンピューターによって行われるのであれば，税理士の仕事は減少する。大学教員も，ルーティンの授業を繰り返しているのであれば，授業の一部がWEBによるマンツーマン授業に取って代わられる可能性もある。

　このように，「**グローバル化**」と「コンピューター」によって，ホワイト

カラーでさえも，仕事を失う可能性が高まっており，知的労働者さえも低所得となる可能性が高まってきている。格差社会の深刻化は，未熟練労働者の問題に留まることなく，知的労働者にまで拡がってきているのである。

このような状況の中で，経済競争力の源泉は，新しいコンセプトを持った**創造性**となってきている。しかし，新規性が常に市場において高い価値を持つわけではない。創造的であったとしても，市場において価値を持たない限り，少なくとも短期的には経済競争力には結びつかない。

本章においては，「**創造経済**」を「社会的価値のある**知識創造**を促進し，その知識を活用しながら生活の質を向上させる社会経済システム」と定義し，創造経済における**価値創造**の源泉を明らかにし，価値創造を加速化させるための公共政策について議論していく。

このシステムの中で，知識創造を産業競争力，生活の質に結びつける場が都市である。「**創造都市**」の概念は，創造的活動を孵卵する仕組みを内包した都市と定義することもできよう。この仕組みの中には，芸術・文化活動を活性化する政策も含まれている。芸術・文化活動は単に工業デザインといった研究開発の土壌を与えるだけでなく，障害者等の社会的弱者を社会の中に包摂するためにも用いることにより，社会厚生の向上に繋げることができる。また，芸術・文化活動は，都市としての魅力を高め，**創造的人材**を吸引する役割を果たすことになる。

2　イノベーションの力

2.1　日本のイノベーション力の現状

経済競争力の源泉が創造性にあるとした場合に，現在の**日本の競争力**はどのように評価できるのであろうか。創造性の中でも，**技術イノベーション力**に焦点を絞り，その国際競争力を見ていく。

数ある国際競争力ランキングの中で最も有名なものとして，**国際経営開発研究所（IMD）**が発表している「**世界競争力年鑑**」がある。IMDによる

2014年版の世界競争力ランキングによれば，第1位の米国が雇用情勢の回復という経済環境の改善の下で，技術やインフラ優位性が高い評価を得ている。第2位のスイス，3位のシンガポール，4位の香港は，イノベーションが牽引する輸出力とビジネス効率性が評価されている。このランキングにおいて，日本は前回の24位からランクアップしたものの，21位に留まっている。

IMDが使用している指標のうちの2/3は統計データであるが，残りの1/3は経営層の意見を反映したサーベイデータである。指標を構成する大項目は，「経済状況」，「政府の効率性」，「ビジネスの効率性」，「インフラ」であり，23の細目を持つ技術インフラと23の細目を持つ科学インフラは「インフラ」項目に含まれている。

過去10年にわたり，米国，スイス，シンガポール，香港，スウェーデンといった国々が上位に位置しているのに対し，日本の全体順位は概ね20番台を上下している。大項目の中でも特に低い順位になっているのが政府の効率性であり，40番台の評価が続いている。インフラは，大項目の中で最も高い順位であり，10位前後に位置してきている。

次に，**人材競争力ランキング**を見ている。フランスとシンガポールに拠点を置く経営大学院である INSEAD が2013年に発表した**世界人材競争指数**（Global Talent Competitive Index：**GTCI**）によると，第1位はスイス，第2位シンガポール，第3位がデンマークとなっている。GTCIは，6つの柱からなっており，「能力発揮環境」，「人材吸引力」，「育成力」，「中堅人材獲得力」，「労働・職業スキル」，「グローバル・ナレッジ・スキル」からなり，小項目を含めると合計48種の指標から構成されている。

GTCIによるランキングではトップ10の大半がスイス，シンガポール，デンマーク，ルクセンブルグ，オランダ，英国，フィンランド，米国，アイスランドといった欧米諸国で占められている。日本は全体スコアが59.89で第21位となっており，トップのスイスの74.83とは大きな開きがある。日本は能力発揮環境で11位，グローバル・ナレッジ・スキル要因で19位であるのに対し，人材吸引力が76位と低くなっている。外国から優秀な人材を吸引することができることが競争力の源泉となることを考えると，重要な課題を示し

ているといってよいであろう。

大学競争力ランキングでは，世界的研究力を評価主軸においたタイムズのランキングが有名である。評価で用いられる主要な5つの指標には，「教育」，「研究」，「研究論文の引用数」，「産業からの収入」，「国際観」が含まれており，最も重要な指標が「研究論文の引用数」となっている。2014年度版において，トップ10はハーバード大学をはじめとした米英の大学によって占められており，日本の大学で最も高い順位であったのが東京大学で23位となっている。日本の大学でトップ100に入るのは，59位の京都大学を含めたわずか2大学となっている。

日本のイノベーション力については，平成26年版科学技術白書においては，研究論文の量や質の向上，産学官の連携や異分野の連携による研究開発の増加，ヒトiPS細胞樹立をはじめとする世界的基礎研究の成果を誇っているものの，わが国の世界における論文数のシェア順位の下落，わが国企業の研究開発投資効率の低下といった課題も多く指摘されている[1]。

2.2　イノベーション力の国際的動向

現在，「**イノベーション・ハブ**」という概念が世界的に広まっている。これは，革新的な製品・サービス等を生み出し，それらを市場展開しうる知識・ノウハウおよび技術を有する企業が，ネットワーク構造を構築することにより，イノベーションを加速させることを可能にする都市基盤のことを指す。

官民が協働する基盤形成の例としてEUの**第7次フレームワークプログラム**（**FP7**：Seventh Framework Programme）に含まれる**欧州テクノロジー・プラットフォーム**（**ETP**：European Technology Platform）がある[2]。FP7は，欧州連合における2007〜2013年までの研究開発プログラムであり，コンセプト形成段階から市場化段階まで一体的に支援プログラムを構築して

---

[1] 内閣府「世界経済の潮流2012」。http://www.kantei.go.jp/jp/singi/titeki2/tyousakai/kensho_hyoka_kikaku/dai8/siryou2-2.pdf

[2] FP7については，http://cordis.europa.eu/technology-platforms/home_en.html を参照のこと。また，ETPについては，http://ec.europa.eu/research/innovation-union/index_en.cfm?pg=etp を参照のこと。

いる。中でも，ETP は研究開発に携わる関係者が結集し，ネットワークの結節点的機能を提供する点が特徴となっている。

米国においては，2004年の**イノベート・アメリカ（パルミサーノ・レポート）**10において，人材（知識創造，教育訓練，労働力支援等），投資（研究開発投資，起業支援等），インフラ整備（情報・交通のネットワーク，知財保護等）につき提言しており，現在の**イノベーション戦略**に影響を与えている。

また，米国では **SBIR** の役割の重要性を強調する必要があろう。SBIR とは，**Small Business Innovation Research** の略称であり，1982年に米国において創設された，革新的技術を創出し商業化を促進する制度である。日本でも1999年に**日本版 SBIR** として**中小企業技術革新制度**が創設されている[3]。

米国の SBIR は，11省庁（農務省，商務省，国防総省，教育省，エネルギー省，国土安全保障省，運輸省，保健福祉省，環境庁，航空宇宙局，全米科学財団）が参加し，年間外部研究開発予算が1億ドル以上の省庁に，その2.5% を SBIR に拠出することを義務化している。予算規模は2015年時点で約3,000億円となっている。

SBIR の目的は次の4つである。

① 技術革新の促進
② 連邦政府の研究・開発ニーズへの対応
③ 社会的・経済的に不利な状況にある者が，技術革新を起して起業する機会を与える
④ 連邦予算によって推進した研究・開発の商業化を進める

その支援の枠組みは，フェーズⅠからフェーズⅢまでの「3段階選抜方式」を採用している。各フェーズの支援内容は以下の通りである[4]。

---

3 内閣府総合科学技術会議関連資料（2013年5月23日現在）。
4 An Official Website of the United States Government, http://www.sbir.gov/about/about-sbir#four（2013年5月23日現在）。

- フェーズⅠ：1申請当たり6カ月間にわたり約10万ドルを支給し，4,000件程度（約3倍の競争率）を採択している。このフェーズでは，技術の優位性，実現可能性，商業化の可能性を明確にし，フェーズⅡに進めるR&Dプロジェクトを選別する。
- フェーズⅡ：1申請当たり2年間にわたり約75万ドルを支給し，2,000件程度（約6倍の競争率）を採択している。フェーズⅠのプロジェクトの中で選定されたプロジェクトに対して，試作品段階まで作らせて，最終段階の商業化まで導く技術を選定する。
- フェーズⅢ：この段階では研究資金の供与は行わないが，政府調達による買い手となり，政府による評価を背景とした民間ベンチャーキャピタル（VC）での資金調達を促進する。

京都大学の山口教授は，米国でのSBIRの有効性に関する実証分析結果を示しており，それによると，2012年において，創薬ベンチャー由来の総売上高（産業全体の17.0％）のうち，SBIRフェーズⅠ被採択企業およびSBIRフェーズⅡ企業が占める割合は77％以上に達している（山口［2015］）。また，米国医薬品産業においてSBIRに採択された経験のある企業数の比率は，全企業数の18.3％である一方で，年間総売上に占める比率は3倍以上となっていると報告されている。

同時に，日本の企業を対象に2006年からの2011年までの5年間の売上高変化を分析して，SBIR被採択企業の売上高減少率が採択されたことのない企業よりも有意に大きい点から，日本のSBIR制度が失敗であったとしている。特に，採択された企業を如何に育てるのかという点で日本のSBIR制度には多くの課題が残されていると主張している点は重要であろう。

SBIR方式の公的な研究開発支援プログラムの経済的根拠として，次の3つがこれまで議論されている。

第1は，市場価値が低くとも，潜在的な社会的価値が高い研究開発は，社会的最適性の観点からは過小になる傾向があるため，それを是正する必要があることである（Audretsch et al.［2002］）。

第2は，研究開発は不確実性が極めて大きく，研究開発の市場価値を資本市場で評価する際には，数多くの問題が存在していることにある。資本力が低い起業家が，個別に高いリスクを負担することは本来困難であるが，プロジェクト数が多くなるほど大数の法則が適用されるため，国家レベルでのリスクは大きく減少する。SBIR全体での平均値では，収益が費用を上回ることは可能となる。

　第3は，ベンチャー起業の誘因を高めて，経済全体での新事業成功数を高め，長期的には産業全体の新陳代謝を促進する機能がある。

　問題は，商業化のための評価システムに，如何に市場評価を組み入れていくかであろう。ノースカロライナ大学のリンク教授は，その一連の研究の中で**イノベーター・ソムリエ**の評価と市場評価の相対的妥当性を議論していると同時に，外部民間投資家がSBIRでの選別プロセスに入ることにより，商業化の可能性が有意に高まることを示している（Link and Ruhm [2009], Link and Scott [2009]）。

2.3　イノベーションとコミュニティ

　イノベーション理論研究の第1人者と評価されている一橋大学名誉教授の野中郁次郎氏が推進している**トポス会議**では，第2回会議をはじめとして，一貫してイノベーションにおけるコミュニティの重要性を主張し続けてきている。これは，企業利潤最大化を目的としたイノベーションの限界を明確にし，社会的視野に立ち社会厚生の最大化を目的としたイノベーションの優位性を主張しているものである。

　イノベーションの市場価値は，イノベーションによって最終的にどれほど人々を幸福にするかに依存すると考えられる。この場合，人々がどのように幸福感を得るかについて，深く考える必要がある。生きるために必要な最低限の衣・食・住を得ることによって得ることができる幸福感については，成熟化した社会になるほど，その重要性は低くなっているであろう。成熟化した社会においては，消費者の幸福感は物質的欲望の充足から，社会的関係性，自然との調和，自己実現といった高い精神性の追求によって高まることにな

る。このような精神性の向上をもたらす土壌がコミュニティであり，イノベーションの方向性はコミュニティにおける豊かな文化性と人間的関係性から導かれるといって良いであろう。

コミュニティでは，多様な人々が交流する。ワシントン大学のバーリアント教授と経済産業研究所の藤田昌久氏は，**多様性**が**知識創造の源泉**であるとし，交流がある一定時間経過すれば，**知識の共有化**が進むため，新たな人々との交流が必要となってくるとした（Berliant and Fujita [2008]）。このモデルで示唆していることは，**排他的なコミュニティ**においては意思疎通が簡単に行われる一方で，**新しい交流**が生まれる可能性が小さくなっていることである。

アメリカの政治学者パットナムによって議論が深められた**社会関係資本**の概念の中でも，排他的性質を持つ「**結束型社会関係資本**」とNPO活動等が基盤となっている開放的な「**橋渡し型社会関係資本**」では，知識創造に与える影響は大きく異なると考えられている（Putnam [1993, 2000]）。

新しい交流による**知識創造**と人的関係性の深化を同時に行うためには，空間的広がりを持った**コミュニティ**を発展させていくことが必要となろう。そのメディアとして**NPO**とか**SNS**があり，これらのメディアの社会的影響力は大きなものとなってきている。NPOは組織であり，本来メディアではないが，NPOに参加する者の立場からすれば，NPOという媒体を通じて，社会的ネットワークの拡大と交流を進め，社会的メッセージなり目的を達成するという意味において，SNSと共通性を持っている。

むしろ，近年においては，NPOがSNSを結合することにより，その影響力を高めてきているといってよい。SNSだけでは，社会的理念をはじめとした様々な議論を交わしながら知識創造を行うことができても，その理念の達成に向けた具体的取り組みを行う実行主体が存在しない。NPOという組織が存在することにより，創造された知識を社会的発展に結びつけることが可能となる。

このように，共通の志を持った者が地域を越えてコミュニティを形成し，コミュニティ内での交流を通じてお互いに刺激を与え合いながら，知識創造

を進めることにより，社会が発展していく形態が広まっている。このような形態による知識創造のメリットは，社会的視点を持った者が，社会的ニーズを十分に汲み取り，多様な人々との交流の中で知識創造を行い，それがイノベーションに繋がっていく可能性を持っていることであろう。このようなシステムによって生み出されたイノベーションは，高い社会的価値を持つ可能性が高いと予想される。

3　都市における創造

3.1　創造都市の概念

　都市が衰退していく過程において，都市では様々な問題が引き起こされていく。1960年代から70年代の米国東海岸の都市は，産業構造の変化の中で，経済停滞と失業の増大，税収不足，社会資本の荒廃，教育等の公的サービスの悪化といった連鎖の中で，都市は荒廃し，人口が流出し，経済がさらに悪化するという悪循環に陥っていった。その典型的な例が，デトロイトであり，ピッツバーグであった。

　デトロイトでは，1950年に人口185万人あったのが，人種暴動などもあり，人口減少が続き，2012年には70万人まで人口が落ち込んでいる。デトロイト市は，1980年代から1990年代にかけて，Detroit Economic Growth Corporation（DEGC）が中心となり都市再開発を軌道に乗せ，一旦は富裕層の都心への回帰に成功したものの，2013年3月，ミシガン州知事は，デトロイト市が債務超過の状態にあることから，その財政危機を宣言し，緊急財務管理者を任命した。2013年7月18日には市の財政破綻を声明し，ミシガン州の連邦地方裁判所に連邦倒産法第9章適用を申請した。負債総額は180億ドル（約1兆8,000億円）を超えるとみられ，財政破綻した自治体の負債総額で全米一となった。

　デトロイトの都市再開発の手法は産業活性化を目的としたものであり，古い建物を取り壊し，新しいビルに建て替えていく方法を主として採用してき

ている。このような投資をDetroit Downtown Development Authorityという DEGC の傘下にある組織がコーディネイトすることにより，よりデトロイト市内への投資を促進させるという方法を採ってきた。

　デトロイト市のような都市再開発のスタイルに対して，20世紀から21世紀にかけて，文化・芸術を軸に都市再開発を進める試みが世界的に広まっていった。20世紀における大量生産・大量消費社会から，21世紀の経済活動の価値源泉は知識創造に移っていった。この知識創造における価値は，創造されたものが生活の質をどのように高めることができるかに依存している。生活の質を高める主体は文化・芸術であり，これらの持つ可能性を生かした都市発展戦略が，創造都市戦略である。

　このような**創造都市戦略**に基づいて，都市再開発を行ってきたのが，グラスゴー，ナント，ビルバオ，金沢といった都市である。**グラスゴー**では，19世紀末から産業革命で隆盛した地域であったが，第2次大戦後に主力の造船業や繊維産業が衰退し没落していった。しかし，1980年代には，美術館や博物館などの文化施設を建設し，最先端の文化・芸術を創造する都市へと生まれ変わった。それにより，グラスゴーは1990年に欧州文化首都に選ばれ，年間300万人の観光客を吸引する都市に変貌している。

　フランス・**ナント**は，第2次世界大戦後，造船業に代表される工業都市であったが，1970年代に港湾が移転し造船所が閉鎖されると没落することになる。しかし1990年代になると，現代アートセンターの開設に象徴される，文化・芸術による都市再生が始まった。ナント市は，音楽祭をはじめとした文化イベントを積極的に開催することにより，国際的に知名度を高めていったが，住民を優先したサービス提供を基本にし，地域と密着した文化都市づくりを行ってきている点は重要な特徴となっている。

　スペインの**ビルバオ**は，ビルバオ・**グッゲンハイム美術館**の成功で世界的に有名になった街である。1960年代から1970年代に重工業中心の発展を遂げたビルバオは，1970年代後半以降は重工業の衰退とともに没落する。しかし，グッゲンハイム美術館（本部アメリカ・ニューヨーク）の誘致に成功し，空港，地下鉄，路面電車，複合文化施設などの都市インフラ整備を進めること

により，ビルバオへの観光客を急増させることに成功する。1997年に開館してから5年の間に515万人の来館者数を記録し，多大な経済効果をもたらしている。

　金沢は，2004年に開館した『**金沢21世紀美術館**』を核に，文化都市として世界的に存在感を与え続けている。この美術館は，「芸術は創造性あふれる将来の人材を養成する未来への投資」というコンセプトを基本に，市内の小・中学生の無料招待や学芸員による出張授業を行い，2015年度には年間237万人の入館者数を記録し，地域経済に大きな経済波及効果をもたらしている。この他にも，廃墟と化した紡績工場や倉庫群を，「1日24時間・1年365日」使える『金沢市民芸術村』に生まれ変わらせるなど，文化を基軸とした都市活性化に成功している。

　このような創造都市戦略の国際的な進展に呼応して，**ユネスコ（国際連合教育科学文化機関）**は2004年に映画やデザイン，文化，工芸など7つの分野で世界的に特色ある都市を認定した世界19都市で組織される**創造都市ネットワーク**をスタートさせた。これらの都市では，国際的な連携を通じて，創造都市戦略のさらなる発展に取り組み続けている。

　イノベーションを誘発する連環を有するイノベーション都市の推進がイノベーション競争力を高める重要な戦略と認識されるようになってから，都市をイノベーション力によって順位付けすることも行われている。ボストン，パリ，アムステルダム，ウイーン，ニューヨークが上位を占める**Innovation Cities**™によるランキングにおいて，日本の都市は東京が20位，京都が22位に入っているのみであり，世界的に特別強いイノベーション力を持った都市が多い状況にはない[5]。

　なぜ，イノベーション力が都市と結びついているかといえば，イノベーションが様々な資源と結びついて行われると考えられているためである。技術開発のシーズは，異分野の交流の中で発見されることもあり，技術開発に

5　2thinknow® & associated entities（http://www.innovation-cities.com/indexes）を参照のこと。

おける連環が重要となる場合もある。これらの場合に重要となるのが地理的な距離である。異分野交流パーティでの懇談が異分野協働の契機になる場合もあるように，フェース・ツー・フェースの意見交換が創造性を高め，イノベーション力を高めることになる。

アメリカの社会学者リチャード・フロリダでも主張されているように，**創造的人材**を吸引できるか否かは，都市の持つ魅力に大きく依存していることによる（Florida［2005］）。

都市の魅力には，歴史的資産や文化的環境が大きな影響を与えている。文化的環境については，美術館とかコンサートホールといった文化施設の充実度から，アーティストの数とか活動レベル，近代美術館のような芸術面におけるR&D機能の有無まで含まれることになる。このような文化的環境が，様々な産業の創造的活動と強く結びつき始めている点も重要といえる。

コンテンツ産業などはその関連性が明確であるが，製造業等においてもデザイン開発等を典型的な例として都市の文化的環境が，R&Dに影響を与えている。代表的な例として，芸術家の集積を背景に，WEBデザインを中心とした新産業が勃興したニューヨークの「**シリコンアレイ**」を挙げることができる（湯川［1999］，Indergaard［2013］）。この例のように，都市において，異業種および異分野の人々がフェース・ツー・フェースで直接的に交流を行う場が存在していることが創造性を高め，イノベーション力を高めることにつながる。このような意味において，イノベーション力を都市単位で考えることは，一つの重要な視点を与えるものと考えられる。

3.2 創造都市における価値循環の構造

デトロイト型都市再開発と創造都市戦略に基づく都市再開発との本質的な差異とは何であろうか。この問題を考えるために，生産における**価値連鎖**と市場構造との関係を整理する。

この問題を考える際に，**需要主導型経済成長モデル**と，**供給主導型経済成長モデル**に分けて考察することにする。需要主導型経済成長モデルは**外生的需要**を創出し所得拡大を図るモデルであり，外生的需要には域外経済の成長

に伴う**派生需要**増大とか，ビジネスにおける管理中枢機能の移入，交通とか貿易の拠点形成といった都市機能の強化に伴う需要増大が例として挙げられる。また，工場が立地されれば，生産に必要な中間財需要も発生し，雇用増大に伴う消費需要の増大も期待できる。逆に，工場が域外に移転すれば，雇用減少に伴う消費需要の減少によって，地域の所得は減少する。

　これに対して，**供給主導型経済成長モデル**では，新コンセプトのビジネス起業，技術革新およびコスト削減による経済競争力の向上，**産業クラスター形成**による**サプライチェーン**の高度化と効率化による生産効率と質の改善，アーティストと製造業の協働によるデザイン改善，アート活動の活性化による**クリエイティブ産業**の活性化と他産業との協働による都市の多様性の増大，といった供給側の機能向上を通じて需要を誘発し，経済成長を図るというものである。

　このとき，2つのモデルにおける価値連鎖がどのように異なるかをそれぞれ図表7-1と図表7-2によって示すことにする。図表7-1で示されているように，需要主導型経済発展で最も重要となるのは，どのように需要を創造するかである。

　かつては，工場誘致が雇用増大と所得増大をもたらす最も重要な需要創出の方法であった。しかし，グローバリゼーションの進展の中で，工場は先進国から途上国にシフトすることはあっても，先進国の地域に新たに工場を誘致することは容易ではない。少なくとも，特別なイノベーションによる新産業創造を起因とした工場立地以外はまず起きえないと考えられる。

　域外経済の成長に伴う派生需要増大，ビジネスにおける管理中枢機能の移入，交通とか貿易の拠点形成といった都市機能の強化に伴う需要増大によって都市再開発を進めようとしたのが，**デトロイト**である。自動車産業が衰退し，生産拠点が市内から郊外へ移転し需要が減少していったのに対し，米国とカナダ間での貿易中継地としての機能を強化することにより需要創出を図った。

　しかしながら，デトロイト市は2013年7月18日に連邦破産法9条の適用を申請した。この時，ミシガン州のスナイダー知事は，破産法申請を承認する

第 7 章　競争力強化の公共政策―創造経済における価値源泉の創出―　　105

▶ 図表 7 - 1　需要主導型地域発展のための価値循環システム

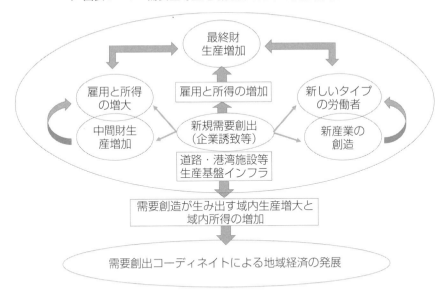

▶ 図表 7 - 2　供給主導型地域経済発展の価値循環システム

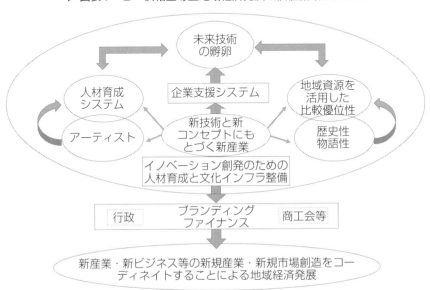

メモで,「デトロイト市は過去60年間衰退を続けてきた」結果,破産を宣言する決定を下さざるを得なくなったと述べている。この会見の中で,警察に通報して警官が到着するまでの時間が58分と全国平均の11分を大きく上回り,事件解決率もわずか8.7％に留まり,全国平均の30.5％をはるかに下回ると述べている。デトロイト市は,インフラが荒廃し,行政サービスのレベルが大きく劣化し,人口は流出し,廃墟家屋が約7万8,000件まで増大するといったように,都市の荒廃が進んでいる。

デトロイトでは,3.1項で触れたDEGC等の機関が都市再開発と投資流入による需要創出を図るようなコーディネーションを行ってきたが,リーマンショックによる自動車産業の危機等の需要減が都市経済に大きな打撃を与え,市の破綻を避けることができなかった。コーディネーションの中身は,不動産売買におけるコーディネーション,企業誘致のコーディネーション,税増融資といった資金調達方法の提案といったものが含まれている。

需要創造型コーディネーションによる価値連鎖において大きな問題となるのは,マーケットの創造および拡大をもたらす戦略が伴わない場合には,失敗する可能性が高いことである。マーケットの創造と拡大は,供給される財およびサービスが新しい価値を有していることが前提である。このような価値は,創造的な人材がいなければ生まれてこない。そのため,創造的人材を吸引する都市であることが,新しい価値創造に基づく市場創造を行う上で重要となる。価値連鎖において人材確保および育成の部分が欠如すると,新しい価値による市場創造ができず,需要不足によるビジネスの破綻が生じることになる。

創造都市の概念においては,新しい価値創造を可能にする経済システムを構築することが本質的課題になると言えよう。そのため,新しい価値創造を可能にする経済システムとは何かを研究することが,具体的な研究課題となる。

図表7-2で示されるように,**価値連鎖**の中心は人材確保と育成の部分になる。創造的な人材を吸引し,新技術の開発をベンチャービジネスの醸成等を通じて進め,新市場を創造することにより,価値連鎖を構築することが特

徴となる。また，市場創造において，新しい財の価値をいかに高めることができるかが問題となる。成熟化した消費者市場において，消費者が高い価値を感じるためには，消費者が財・サービスの消費を通じて感動を得ることが重要となり，消費者の情緒性に訴求した**価値創造**を行う必要がある。

需要主導型経済成長モデルと**供給主導型経済成長モデル**の**価値循環**を比較した場合，前者が需要創造のためのインフラ整備等による価値形成に主眼が置かれているのに対し，後者は創造的活動を誘発するための人材吸引とインフラ整備に価値形成の主眼が置かれている。

この時，生産要素価格がどのような影響を受けるかであるが，需要主導型経済成長モデルでは，生産活動における労働力の特殊性を必ずしも想定しておらず，一般未熟練労働者の雇用増大をもたらし，賃金水準の上昇をもたらすことが予想される。それに対して，供給主導型経済成長モデルでは，創造的活動に従事する専門的能力を持った労働者に対する需要が増大し，地域所得水準の上昇に伴う派生需要としての一般未熟練労働者に対する需要増大が生じると予想される。

供給主導型経済成長モデルの問題点は，一般未熟練労働者に対する需要増大がどの程度生じるかが明確でないことにある。例えば，研究所を誘致して，新製品の開発を進める場合，新たに生まれる雇用はそれほど多くは期待できず，しかも大半は域外からの雇用となると予想される。

経済循環のパターンで言えば，研究開発の中間財投入はそれほど多くなく，生産の付加価値部分は特許として長期的に生まれるものである。旧来の製造業の工場誘致では，中間財投入が域内から行われるのであれば，高い**雇用誘発効果**を持っていた。しかしながら，供給主導型地域発展モデルでは，新技術および新ビジネスの創出によって，新たにビジネスが誘発されなければ，高い雇用誘発効果を期待することができない。

創造都市における価値循環を理解するためには，上述した2つのモデルにおける価値循環の特徴を理解する必要があろう。工場誘致のような需要主導型発展モデルが期待できない現在，創造的人材を吸引・育成し，創造的活動を進めることにより，新技術および新ビジネスを創出し，企業誘致を誘発し，

地域生産と雇用拡大を図ることが重要となる。そして，創造的人材を吸引・育成するための社会インフラを整備し，**都市のブランド力**を向上させることにより観光産業を活性化させ，都市に人々を吸引し，市場を拡大させながら需要を掘り起こしていく戦略が重要となる。

4　価値循環モデルによる創造都市戦略の検証

　創造都市としての成功事例として紹介されている**グラスゴー**について，価値循環の観点から評価を行う。グラスゴーは，文化によって牽引した都市再開発モデルとして有名である。グラスゴー大学のガルシア教授によれば，産業革命による工業として繁栄した街が，重化学工業の衰退によって活気を失い，多くの失業者が生まれていった（Garcia [2005]）。しかし，文化・芸術関係のインフラを整備し，文化として生まれ変わり，1990年にはEuropean City/Capital of Cultural Program（ECOC）に選ばれることにより，都市としてのブランディングに成功し，世界中からの多くの人々を吸引する街に変貌し，創造都市の成功例として紹介されている。しかしながら，彼が指摘しているように，文化による都市の再活性化は，貧困等の社会問題解決にはそれほど大きな効果を上げておらず，高所得層に便益が集中する結果をもたらしたと言われている。

　価値循環で言えば，**文化インフラ**への投資によって都市ブランディングを向上させ，観光客の増大をもたらし，観光関連産業での生産・雇用増を通じた地域経済の活性化が行われたと解釈できる。産業連関のレベルで考えれば，観光客の増大に伴う中間財需要の増大は，レストラン等への材料供給とか，お土産等の生産における中間財投入が主体であり，多くの誘発需要を期待できないといえる。さらに，公的支出の多くが文化関連に配分されたこともあり，医療・社会保障といった配分が改善されず，低所得層の生活水準の改善には寄与しなかったという評価がなされている。もちろん観光客の増大は，商業施設等の投資を拡大させ，都市への資本流入をもたらしている。

　文化インフラに対して投資を行い，創造的活動を活性化させて都市を発展

させるモデルを数量的に評価することは難しい．最も困難な点は，都市の長期的なブランド価値増大をどのように評価するかが確定していない点にある．もちろん観光客数変化および企業の新規立地件数といった指標によって，ブランド価値向上効果を測るという考え方もある．供給主導型モデルにおいて重要なのは，文化インフラへの投資によってどの程度創造的人材が増大したのか，新規ビジネス，デザイン水準がどの程度向上したのか，新製品および新サービスの開発がどのように進んだのか，そして住民の文化活動の活性化が促進されたかを測定することであろう．

2006年時点において課題としてあげられていたのは，企業および労働市場の2極化，知識経済に対応できる労働力，消費者の成熟化に伴う高品質化への要請，新技術を基礎とした企業競争力，競争の激化，分配の不平等の悪化，地球環境問題の深刻化であった（Economic Forum [2006]）．

しかしながら，2015年に Glasgow Chamber of Commerce が発表した報告書によると，市の人口増加率は増大し，スコットランドで最大の増加率を達成し，就業者数も2000－08の間に14％増大し，IT技術，ビジネス管理，芸術，工学技術を中心に，大学等の教育機関を活用しながら労働者の能力形成を大きく改善したことが報告されている．所得水準に関しては，2012年の正規雇用労働者の週当たり収入はイギリスの主要都市において475GBP（92,820円）であったが，グラスゴーでは501.7 GBP（98,025円）となっており，相対的に高いことが示されている．

グラスゴーでは，重要な政策目標として，イノベーションの創発，技能の向上，投資促進による生産性向上を掲げてきた．このような生産性の向上によって，2013年度統計ではグラスゴーが位置するスコットランドの一時間当たりの付加価値生産は，全英で最も高い水準29.82 GBP（5,827円）にあったと報告されている．

（八木 匡）

参考文献

- 山口栄一 [2015]『イノベーション政策の科学』東京大学出版会．

- 湯川抗［1999］コンテンツ産業の発展と政策対応―シリコンバレー―，FRI 研究レポート，No.47。
- Audretsch, B. D., J. Weigand, and C. Weigand［2002］, "The Impact of the SBIR on Creating Entrepreneurial Behavior", *Economic Development Quarterly*, vol.16, 32-38.
- Berliant and Fujita［2008］, Knowledge Creation as a Square Dance on the Hilbert Cube, *International Economic Review*, vol.49, 1251-1295.
- Economic Forum［2006］, *Glasgow's Ten-year Economic Development Strategy*.
- Florida, R. L.［2005］*The Flight of the Creative Class: The New Global Competition for Talent*, Harper Business.（井口典夫訳『クリエイティブ・クラスの世紀―新時代の国，都市，人材の条件』ダイヤモンド社，2007年）
- García, B.［2005］, Deconstructing the City of Culture: The Long-term Cultural Legacies of Glasgow 1990, *Urban Studies*, vol.42, 841–868.
- Indergaard M.［2013］, Beyond the bubbles: Creative New York in boom, bust and the long run, *Cities*, vol.33, 43-50.
- Link, N. A. and J. T. Scott［2009］, Private Investor Participation and Commercialization Rates for Government-sponsored Research and Development: Would a Prediction Market Improve the Performance of the SBIR Programme?, *Economica*, vol.76, 264–281.
- Link, N. A. and C. J. Ruhm［2009］, Bringing science to market: commercializing from NIH SBIR awards, *Economics of Innovation and New Technology*, vol.18, 381-402.
- Pink, D. H.［2006］, *A Whole New Mind: Why Right-Brainers Will Rule the Future*, Riverhead Books.（大前研一訳『ハイ・コンセプト「新しいこと」を考え出す人の時代』三笠書房，2006年）
- Putnam, R. D.［1993］*Making Democracy Work: Civic Traditions in Modern Italy*, Princeton University Press.（河田潤一訳『哲学する民主主義―伝統と改革の市民的構造』NTT 出版，2001年）
- Putnam, R. D.［2000］*Bowling Alone*, Simon & Schuster.（柴内康文訳『孤独なボウリング―米国コミュニティの崩壊と再生』柏書房，2006年）

第 8 章

地域政策
―小さな地域の優位性を発揮する―

1 小さな地域は生き残れるか：現状と課題

　2014年に日本創成会議が発表した「**消滅可能都市**」のリストは大きな波紋を呼んだ。2010年からの30年間に20～39歳の女性の人口が5割以上減少し，かつ2040年の時点での人口が1万人を割り込み，既存の枠組みを前提にすると地方自治運営が行えなくなる自治体が523にのぼるというものだ。

　これまで，過疎化や限界集落といった表現で，地方の人口減少に伴う衰退が語られてきたが，将来人口推計と人口移動の予測にもとづいて全市町村を統一的に分析し，地方部のみならず東京・豊島区や大阪・中央区といった都市部においても20～39歳の女性人口が5割を超えて減少する可能性が判明するなど，多くの自治体に危機感をもたせるものになった。

　図表8-1は，2015年1月1日住民基本台帳人口をもとに，日本の自治体の人口規模を分類したものである。2014年4月1日時点で1,716ある日本の自治体のうち，約25％は人口が1万人未満であり，人口2万人未満と合わせれば40％の自治体にのぼる。自治体の適正規模を財政効率の観点から求める研究において，その適正規模として"10万人を遙かに超えるケースがほとんど（増田［2011］）"であることからすると，規模が小さすぎる自治体の数が相当に多い現状にあるといえる。

　わが国では，近代的地方自治制度である「市制町村制」の施行以来，繰り返し，市町村合併が行われ，自治体の規模拡大が図られてきた。1888（明治21）年の「明治の大合併」では，それまで71,314あった市町村が15,859まで減らされた。その後も市町村合併が続く中，1953（昭和28）年に始まった

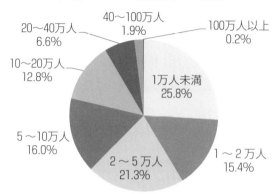

▶図表8-1　自治体の人口規模

出所：総務省『平成27年住民基本台帳人口・世帯数（市区町村別）』。

「昭和の大合併」では当時9,868あった市町村が1961（昭和36）年には3,472まで減少した。そして，記憶に新しいのが「平成の大合併」である。1995（平成7）年に市町村の合併の特例に関する法律の一部を改正する法律が施行されて以来，2014年4月時点で1,718まで市町村数は減少している。

　もちろん人口規模が小さい自治体が近隣自治体と合併し，新たな自治体として地域の運営を行っていくという選択を行っているケースが多い一方で，人口規模が小さいながらも合併という選択をせず，地域の特色や文化を生かしたり，地元の事業家が海外と直接取引したりすることで，大きな地域に負けない所得を稼ぎ，人口の多い自治体に負けない財政状況を達成している地域もある。

　とはいえ，人口規模の小さい地域の多くは，働く場の喪失やそれに伴う人口の流出に悩んでいるのが実情であろう。そして，モノや人，資本などが自由に国境を越えて行き交うグローバル化の波を受けて，国内のみならず，海外との競争にさらされる今日，大きな地域と小さな地域の格差拡大が懸念されるだけでなく，人口規模の小さな地域の存立さえ危ぶまれているのが現状ではなかろうか。

　本章では，規模の小さな地域がグローバル経済下において生き残る方策を探るために，規模が小さいからこそ大きな地域に比べて有利になる可能性を

示す2つの理論を簡単な経済モデルを使って紹介しよう。

2 小さな地域の優位性：租税競争アプローチ

　1980年代半ばに，米国において**租税競争理論**と呼ばれる研究が発表された[1]。米国内の州や都市が税率など様々な政策手段を用いて，良質な労働や企業，工場などを誘致する競争を繰り広げているが，競争の結果として，行き着く先が望ましい状態になるのだろうか。あるいは，そのような競争は，どのような地域にメリットをもたらし，どのような地域にデメリットをもたらすのだろうか。これらの問いを明らかにしようとする研究である。

　この理論は，1990年代に実現した**ヨーロッパ統合**を契機に多くの注目を集めるようになった[2]。企業や労働が国境を越えて自由に移動できるようになったとき，それらをめぐる競争がヨーロッパ各国で引き起こされることが予想される。欧州統合を契機に，各国の政策がどのように変わるのか。さらには，種々の政策手段を用いた競争の結果，どの国が欧州統合のメリットを受けて，どの国がデメリットを被るのだろうか。1980年代に始まった一つの小さな理論が，1990年代以降，多くの政策実務家や政策研究者に注目されるようになったのである。

2.1 地域間の競争をモデル化する

　ここでは，租税競争理論の中でも「**小さな地域の優位性**」を示すことになるモデルを具体的にみることを通じて，どのような条件下において小さな地域が大きな地域に比べて優位に立てるのかを考えてみよう。

　いま，経済には2つの地域Uと地域Rがあるとする。ここで，地域Uは

1　具体的には，Zodrow and Miezkowski [1986] とWilson [1986] の研究である。租税競争理論に関する文献は邦語でも複数公刊されている。例えば，松本 [2006]，小川 [2006]，大島 [2011] などでは，租税競争理論のレビューがなされている。また，日本における租税競争の状況を実証的に研究しているものとして深澤 [2009] や田中 [2013] などがある。租税競争理論に関する詳細についてはそれらを参照のこと。
2　例えば，OECD [1998] は，租税競争の弊害を警鐘する報告書として注目された。

人口が多い都市（Urban）部の自治体，地域 R は人口が少ない地方（Rural）部の自治体と想定していく。その際，人々は少なくとも短期的には地域を移動できないものとして，地域の人口は所与であると考えよう。経済全体の人口を L，それぞれの地域の人口を L_U, L_R で表す（$L_U + L_R = L$）が，都市部と地方部の想定より $L_U > L_R$ が成立する。

それぞれの地域では，資本と労働を用いて生産が行われる。地域 i にある資本を K_i と表現する。地域に住む人々は 1 単位の労働を居住地域において供給し，労働の対価として賃金 w_i を受け取る。人口は短期的に移動できない一方で，資本はより高い利益を求めて地域間を自由に移動できる。もし地域 R に投資をして工場を作った場合に比べて，地域 U に投資をして工場を作ったほうがより高い収益を得られるのであれば，投資家は地域 U に投資するということである。

明示的に解を得られるようにするために，ここでは，地域の生産関数が $Y_i = (A - K_i/L_i)K_i$ と表されるとしよう。少々，見慣れない生産関数かもしれないが，資本と労働に関する一次同次関数となっており，一定の資本投入量までは，資本，労働ともに限界生産性が正であることが確認できよう。

各地域には，当該地域の運営を行う自治体が活動している。自治体は，自分の地域に投資されてきた資本に対して（従量）課税を行い，そこで得た税収を地域住民に公共サービスの提供や所得移転といった形で還元するとしよう。そして，自治体はより高いサービスを住民へ提供するために，資本から得られる税収をなるべく大きくすることを目的として資本税率を決めると仮定する。このとき，自治体の目的関数は次のようになる。

$$V_i = T_i K_i. \qquad (8-1)$$

また，地域 i で活動する企業の利潤（π_i）は $\pi_i = Y_i - w_i L_i - rK_i - T_i K_i$ で与えられる。ここで，r は資本投入に対する支払である。企業の利潤最大化条件より，資本の需要関数を $r = A - T_i - 2K_i/L_i$ と得ることになる。

経済全体には一定の資本（K）が存在し，両地域はそれをめぐって競争するが，資本は必ずどこかの地域に配分されるので，$K_1 + K_2 = K$ が成立す

る。この式と資本の需要関数より，地域 i における資本量を税率の関数として以下のように得る。

$$K_U = \frac{L_U(2K - L_R\,T_U + L_R\,T_R)}{2L}, \quad K_R = \frac{L_R(2K - L_U\,T_R + L_U\,T_U)}{2L} \quad (8\mathchar`-2)$$

（8-2）から，自分の地域の税率を下げると地域に資本を呼び込むことができるという関係を読みとることができるであろう。

地域 i の自治体は（8-2）をもとに（8-1）を最大化するので，それぞれの地域が設定する資本税率は以下のようになる。

$$T_U = \frac{2K(2L_U + L_R)}{3L_U L_R} \qquad T_R = \frac{2K(2L_R + L_U)}{3L_U L_R} \quad (8\mathchar`-3)$$

2.2　競争の行き着く先

（8-3）を使って，資本量や税収，賃金などの均衡値を求めて，両地域の差をとるとその結果を図表8-2のように得る。この図表から分かることは以下のことである。

- 資本量や税収の総額は，人口の少ない地方（地域 R）に比べて人口の多い都市（地域 U）の方が多くなる。
- しかし，地方の方が都市に比べて低い税率を設定する。
- その結果，1人当たり資本量は地方の方が都市に比べて大きくなり，したがって，賃金は地方の方が高くなる。
- また，1人当たり税収は地方の方が都市に比べて大きくなり，したがって，1人当たりでみてより多くの公共サービスを享受できる。

つまり，総量としては資本量にしろ，税収にしろ，地方は都市に負けるが，1人当たりの資本量，賃金，税収でみれば，地方の方が都市よりも大きな便益を享受できている。まさに，総量ではなく個人単位でみてみれば，地方の方が都市部よりも優位になっているのである。

▶図表8-2 均衡値の比較

$$K_U - K_R = \frac{K(L_U - L_R)}{3(L_U + L_R)} > 0$$

$$R_U - R_R = \frac{2K^2(L_U - L_R)}{3L_U L_R} > 0$$

$$T_U - T_R = \frac{2K(L_U - L_R)}{3L_U L_R} > 0$$

$$\frac{K_U}{L_U} - \frac{K_R}{L_R} = \frac{K(L_R - L_U)}{3L_U L_R} < 0$$

$$w_U - w_R = \frac{K^2(L_R - L_U)(L_U^2 + L_R^2 + L_R L_U)}{9(L_R L_U)^2(L_U + L_R)} < 0$$

$$\frac{R_U}{L_U} - \frac{R_R}{L_R} = \frac{2K^2(L_R - L_U)(L_U^2 + L_R^2 + L_R L_U)}{9(L_R L_U)^2(L_U + L_R)} < 0$$

　これは，住民1人当たりで見た場合に，地方の方が都市に比べて，資本税率を引き下げた時に誘致できる資本量が大きく，そのために地方により強く税率を下げるインセンティブが働き，結果として低い税率のもとで1人当たりでより大きな効果を生むためである。

　このことは，直感的に以下のように理解できるであろう。都市部と地方部で同じ税率を設定しているとしよう。ここから小さな地域（地方）が1％だけ税率を引き下げたとする。このとき投資する立場からすると税率が低くなった地方に投資をする誘因が高まる。これによって投資が行われた結果として工場が1つ建ったとしよう。もともと人口の少ない地域に工場が新たに1つできる効果は，住民1人当たりでみたら非常に大きい。

　他方で，今度は，大都市が税率を1％下げたケースを考えてみよう。先ほどと同様に，投資家は，今度は大都市に投資することになり，大都市に工場が1つ建つことになる。しかし，もともと労働者が多数いる大都市では，工場が新たに1つ建設されることのメリットは，住民1人当たりで見れば地方部に比べてはるかに小さい。

　同じ税率引き下げという政策変更を行った場合に，小さい地域の方が，誘

致する資本量に関してより1人当たりで見たら大きな効果を生むことができるために，地方が都市に比べて低い税率を設定することになる。その結果として，資本は地方に流れることになり，結果として，総量では負けるものの，1人当たりで見た場合には地方の住民の方がより大きなメリットを受けるのである。

2.3　小さな地域が優位性を発揮するための条件

　標準的な一次同次関数のもとで人口だけが違う2地域モデルで導出された「小さい地域の優位性」であるので，仮に，都市部は人口が多いだけでなく，技術にも優れている（例えば生産関数におけるAの値が大きい）とした場合には，必ずしも成立しなくなる。

　しかし，同じ労働と資本を投入したときに地方の方がアウトプットは小さくなるという想定にそれほど妥当性があるとは思われない。また，仮に都市部の技術が何らかの理由で優れていたとしても，技術やそれに関わる情報は波及するために，中長期的には地方と都市で技術に有意な差が持続しつづけるとするのは難しい。

　また，一次同次関数の仮定をはずして，都市部には何らかの集積の利益が働くという状況を想定した場合にも，「小さな地域の優位性」は成立しなくなる場合もある。しかし，都市で生産活動を行う際には集積の利益が働くとするならば，例えば，土地を生産活動に必要な要素として考えた場合はどうだろう。総じて，地方の方が土地利用の可能性には恵まれており，集積の利益が働く都市部では，同時に混雑に代表される集積の不利益も働くことになる。

　ここでは，「小さな地域の優位性」を発揮するために必要なこととして，上記に述べた生産技術の問題よりもむしろ，自治体が自らの責任で政策を決められる自由の問題を指摘しておきたい。

　本節で紹介したモデルにおける大切な前提は，自治体は，自らの地域の税率を自由に決められるということである。そうであるからこそ，地方が都市よりも低い資本税率を設定することが可能となり，それゆえに，資本総量で

は都市よりも少ないものの，住民1人当たりでみてより多くの資本を獲得し，1人当たりの税収も高くすることができている。競争する手段を与えられて初めて小さな地域の優位性を発揮できるのである。

ここでは税率を資本誘致のための1つの手段としてみてきたが，地方が，税率以外でも創意工夫の裁量を持ち，都市に比べて資本を誘致した効果が大きいことを利用できる環境を整えることが大切なのである。

3 グローバル化と小さな地域の維持：新政治地理学アプローチ

3.1 地域の過剰分離

第1節で述べたように，日本では度重なる市町村合併を経て，市町村の数は大きく減少してきた。民主主義的に物事を決める日本において，市町村合併の多くは，住民投票や首長選挙といった機会に表明される住民の意思のもとに行われたはずである。なぜ住民は合併という選択をするのだろうか。逆に，合併が可能であったにもかかわらず，その選択をとらなかった自治体も数多くある。住民は，なぜ現状維持という選択をしたのだろう。

日本国内は自治体が合併する動きを見せてきたが，国レベルで見てみればソビエト連邦をはじめ多くの国で分裂を繰り返している[3]。なぜ，国や自治体は分裂したり，統合したりするのであろうか。その結果，我々が目にする地域の数や国の数は，望ましい水準に落ち着いているのであろうか。

1990年代半ばにハーバード大学のアレシナ教授が，**新しい政治地理学**と呼ばれる研究分野を切り開いた。その一連の研究から，**過剰分裂定理**と呼ばれる発見がなされた。もし民主主義的な手続きのもとで，自分たちの地域や国

---

[3] 例えば，ユーゴスラビア，チェコスロバキア，スーダンといった国の分裂は記憶に新しい。過去を遡れば，現在のシンガポールとマレーシア，エジプトとシリア，イラクとヨルダンなどの国家設立も分裂の結果と解釈できる。現在でも，英国，イタリア，スペインなどで国家からの分裂の動きが見られる。逆に，ベトナムやドイツ，タンザニアといった国々では国家統合が図られており，EUも統合の例としてあげることができるかもしれない。

が他地域と統合したり，あるいは今の地域を2つに割るなど分裂したりすることを自由に決められるとしたら，我々は，あまりに多くの，また小さな地域や国に分割されてしまうというものである。

この発見はとりわけ日本の**市町村合併**の議論にとっては興味深い。地域住民が，自らの意思として地域を現状のまま残すか，あるいは隣の地域と合併するかを決めると，国全体でみれば，過剰な数の地域が，また過小なサイズで存続してしまうということを示唆するからである。もし，これが正しいとするならば，国が一定程度，市町村の合併推進に関与することが正当化されることになるだろう。

以下では，アレシナ教授らの研究を簡単に紹介していこう[4]。いま，図表8－3にあるような [0, 1] 空間からなる経済を考える。住民はこの空間に一様に分布しており，立地（居住）している場所からは移動しない。この空間は居住地点を表すと同時に，公共財水準と税負担の組み合わせで表現される政府規模に対する選好にも対応している。

地点0に近いところに居住する住民ほど，政府規模への選好が小さいとする。すなわち，これらの住民はいわゆる「小さな政府」を望んでいると考える。他方，地点1に近い点に居住する住民ほど政府規模への選好が大きい。これらの住民はいわゆる「高福祉・高負担」を望んでいると考えよう。

[0, 1] 空間からなるこの国では，政府規模は国民の投票によって選ばれるとする。**中位投票者定理**が成立するもとでは，図表8－3上段のMで表される中位投票者の望む政府規模となる。中位点から離れて居住する住民ほど，自らが望む政府規模と実際の政府規模の乖離が大きくなるので，選ばれた政府規模から享受するグロスの便益は小さくなっていく。

政府から受ける便益は居住地点で差がある一方で，政府活動を支えるための税負担は立地に関係なく一様であると想定しよう。このとき，政府の存在から受けるネットの便益はグロスの便益と税負担の差として表現されている。

---

[4] ここでの議論は Alesina and Spolaore [1996] をもとにしている。また，Ogawa and Susa [2015] は日本の自治体合併を念頭にしたモデルを提示している。日本語文献として小川 [2016] がある。

▶図表8-3　地域分裂のモデル

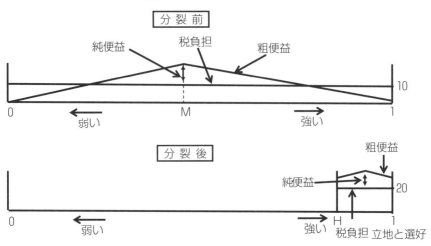

　もちろん、ネットの便益は中位投票者が最も大きく、[0, 1] 空間の端点に位置する居住者ほど、それは小さくなる。**図表8-3**上段では、中位点から一定距離だけ離れてしまうと政府が公共財を供給することによってネットでマイナスの便益を受ける人々が出てくる様子が描かれている。

　アレシナ教授らの研究で興味深いのは、これら端点に近い位置に居住し、自分たちの望む政府規模や政策の水準からかけ離れたものを一律に享受しなければならない人たちに着目していることである。彼らは、このような人たちをマイノリティと呼ぶ。そして、マイノリティは居住している自治体から分裂して新しい自治体を樹立する誘因を持つことを明らかにしているのである。

　例えば、**図表8-3**下段の [H, 1] の間に居住する人々が、**分離独立**を望み、新しい自治体の成立を宣言したとしよう。この自治体の人口規模は、それまで属していた自治体の人口よりも遥かに小さいために、政府活動の財源を賄う際の規模の利益が働かず、分離独立した住民は以前に比べて相当程度に高い税負担を強いられることになる。**図表8-3**下段においては、独立前の2倍の税負担を強いられるとしている。これは、分離独立したことのデメリットである。

他方で，分離独立した新たな国家では，自分たちの望む政策内容や政府規模を選択することができるというメリットがある。新しい自治体の政府規模は，新たな自治体の中位投票者の選好に従って決まるとすると，独立前はマイノリティであるがゆえにマイナスのネット便益を受けていた人々が，分離独立後はプラスの便益を受けることができている。

このようにマイノリティに分離独立するインセンティブがあり，かつ，既存国家の中でマイノリティ以外の住民から分離独立の承認が得られれば，ここに新たな自治体が樹立されることになる。

分離独立をする誘因，およびそれを認める誘因の双方のバランスから決まる自治体の数が均衡における自治体の数となり，それは，政府の存在に伴う規模の利益と政府規模に対する国民間の選好異質性のバランスによって決まるとされる。

そして，アレシナ教授らの研究で最も興味深い結果は，このようにして決まる均衡における自治体の数は最適水準に比べて過大になるというのである。これは，我々の世界に存在する国家や地域の数は多すぎるということを意味する。

この「**過剰分裂定理**」として知られる結果は，以下のように民主的決定の失敗として理解できよう。マイノリティは，自らが望むような政府規模や公共政策を実現するために分離独立する。あるいは，既存の小さな地域の住民が合併をせずにそのままの状態を維持しようとする状態と考えても良い。しかしながら，この分離独立によって，既存の自治体に残された多くの人々は負の影響を受ける。それは，単純なモデルのもとでは人口規模の減少に伴う税負担の上昇であったり，現実的には多様性の喪失による生産性や財のバラエティの減少だったりする。

分離独立が負の影響を与えるにもかかわらず，それを考慮することなくそのような行動をとるということから，過剰な分離行動がとられ，結果として，小すぎる地域が過剰に誕生することになる。

3.2 グローバル化の影響

　時代の変化を代表するものの1つがグローバル化である。人・モノ・資本の国境を越えた動きが加速する現象を経済的なグローバル化と定義すれば，それは必ずしも現代に特異なものではない。蒸気船の登場，多国籍企業の出現など，その時代時代に様々な形でグローバル化が進んできた。

　1980年代後半以降のグローバル化の進展もまさにその1つである。ICT革命による投資環境と技術の変化，NAFTAやEU統合などによる人やモノの流れの自由化など，国家を取り巻く状況は大きく動いた。そして，このグローバル化の進展は，前節において誕生した数多くの小さな地域を，小さな地域として維持することを可能にする要因となる。

　例えば，世界の市場が完全に統合されているとしてみよう。その場合，自分がどこに住んでいたとしても，世界中とつながりを持っているのだから，自分の欲しい商品を入手することができ，自分の利益につながる取引機会を探し出すことができる。他方で，市場が統合されていない場合はどうであろうか。そのような取引機会は，大きな市場をもつ国においてより見つけやすい。国のサイズが重要になるのである。

　グローバル化の進展は，経済的取引機会を得るための国家サイズ（**規模の利益**）の重要性を低めるのであるから，相対的に選好の多様性に対するウエイトが高まり，小さな地域であることの優位性を高めることになるのである。

　この議論を以下で，イタリア人経済学者ルタが提示した研究をもとに，簡単な経済モデルで考察してみよう（Ruta [2005]）。**図表8-3**のように $[0,1]$ からなる選好（地理的）空間に人々が一様に分布しているとする。地点 i に位置する住民の効用関数は $U_i = x_i + G(1-\delta s_i)$ で表されるとしよう。ここで，x_i は私的財消費量，G は公共財の水準，s_i は自治体の人口規模，δ は正のパラメータである。

　政府（公共財）規模に対する選好が人々の間で異なるために，自分が人口規模の大きい自治体に住んでいると，必ずしも自分の望むタイプの公共財が供給されるとは限らなくなってしまう。そのため，人口規模 s_i が大きくな

ると供給される公共財から受ける便益が低下するという想定をしている。

　個人の予算制約式は $x_i = y - T$ である。ここで y は所得，T は税金である。政府支出を K だけ行えば，規模 G の公共サービスを供給できるとすれば，政府の予算制約式は $s_i T = K$ となる。いま，人々の所得は次式によって決まるとしよう。

$$y = [(1-\beta)s + \beta]^\rho \quad (8-4)$$

　ここで $\rho \in (0, 1)$ はパラメータであり，β は地域の開放（グローバル化）度を表している。$\beta = 1$ であれば，所得は一定となるが，$\beta = 0$ であれば所得は地域の規模 s の増加関数となる。

　つまり，世界が完全に統一されていれば（$\beta = 1$），我々はどこに，またどの規模の地域に住んでいても世界中と自由に取引できるので，どの人々も同じ所得を得られるはずである。逆に，世界が統一されていない場合には，人々の所得は地域の規模に依存して，人口規模が大きい地域ほど所得が高くなる。

　個人と政府の予算制約式，および（8-4）を制約にして効用が最大となる人口規模 s を求めると，均衡における地域規模 s^* は次式を満たす。

$$\rho(1-\beta)[(1-\beta)s^* + \beta]^{\rho-1} + K(s^*)^{-2} - G\delta = 0 \quad (8-5)$$

　この式より $ds^*/d\beta < 0$ を得る。すなわち，グローバル化が進み当該地域の開放度が高まるにつれて，効用が最大となる地域規模は小さくなっていくのである。これは，先に述べたように，グローバル化が進み，どこに住んでいても世界と自由に取引できる場合には，居住している地域の小ささは所得を高めるための障害にならないという想定に起因している。

　図表8-4には，グローバル化の進展度合いとその国の一人当たりGDPの関係が示されている。これを見ると両者には正の相関があることを読み取ることができる。シンガポールやオランダ，ノルウエーなど人口規模が小さい国ほど内にこもらず，海外との取引や交流を積極的に行う傾向がある。かりに人口規模が小さくとも，グローバル化によって外との距離が縮まること

▶図表8-4　グローバル化と1人当たりGDPの関係（2012）

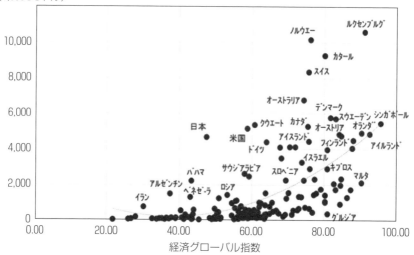

出所：IMF "World Economic Outlook Databases" および KOF Index of Globalization.

で得られる果実を積極的に取りに行くことで，小さな地方であることこそが，グローバル経済下では必要とされる可能性があることになる。

4　小さな地域が生き残るために

　本章では，市場統合に代表されるグローバル化が進展するなかでも，小さい地域の優位性を発揮できるモデルを2つ紹介した。人やモノ，カネ，情報などが国境や地域境を越えて移動することが容易になるということは，自らの地域の比較優位をより発揮しやすくなることを意味する。その際には，第2節で考察したように，小さな地域が自らの優位性を発揮できるように，地域の政策を自由に決定できる環境を整えることが重要であることを改めて指摘したい。

　また，第3節では，グローバル化の進展によって，かりに規模が小さくても，それぞれの地域が世界と直接に取引するようになることで，小さい規模

のままでの地域の生き残りが図れるようになれることを示唆する理論を紹介した。人口が5千人に満たない北海道・ニセコ町は外国人スキー客に人気があり，総人口，年少人口，出生率のいずれも増えている。小さい町ながらも観光サービスを海外に直接輸出することで成長しているのである。重要なことは，世界と直接つながるようになる環境変化を地域が十分に生かすことができるというものである。

地域競争に際して地域に十分な政策決定の自由が与えられ，また，グローバル化によって海外と直接に取引ができるようになったとしても，その環境変化を活用するかしないかは，その地域住民ひとりひとりの意思にかかっている。そして，意思ある地域であれば，グローバル化された世界においても小さな地域の優位性を生かしていけることを2つの理論は示しているのである。

(小川　光)

参考文献

- 大島考介［2011］『租税競争と差別課税』大学教育出版。
- 小川光［2006］地方政府間の政策競争：税・支出の競争と外部効果，『フィナンシャル・レビュー（財務省）』82巻，10-36頁。
- 小川光［2016］資本市場の統合と地域の統合・分裂，『応用地域学研究』，20巻，1-12頁。
- 田中宏樹［2013］『政府間競争の経済分析：地方自治体の戦略的相互依存の検証』勁草書房。
- 深澤映司［2009］我が国の地方法人課税をめぐる租税競争：法人事業税を対象とした現状分析，『レファレンス』，59巻8号，55-75頁。
- 増田知也［2011］市町村の適正規模と財政効率性に関する研究動向，『自治総研』396巻，23-44頁。
- 松本睦［2006］政府間税競争の理論：資本税競争を中心として，『フィナンシャル・レビュー（財務省）』，82巻，37-78頁。
- Alesina, A. and Spolaore, E.［1997］On the Number and Size of Nations, *Quarterly Journal of Economics*, vol.112, 1027-1056.
- OECD［1998］*Harmful Tax Competition: An Emerging Global Issue*, OECD.
- Ogawa, H. and Susa, T.［2015］Municipal Merger and Tax Competition, Nagoya

University ERC Discussion Paper E15-5.
- Ruta, M. [2005] Economic Theories of Political (Dis) integration, *Journal of Economic Surveys*, vol.19, 1 -21.
- Zodrow, R. G. and Mieszkowski, P. [1986] Pigou, Tiebout, Property Taxation, and the Underprovision of Local Public Goods, *Journal of Urban Economics*, vol.19, 356-370.
- Wilson, D. J. [1986] A Theory of Inter-regional Tax Competition, *Journal of Urban Economics*, vol.19, 296-315.

都市と地方の公共政策

第9章

ユニバーサル・サービス政策
―地域間公平性と効率性の両立―

1 選別主義と普遍主義

　社会は，多様な個性と多様な欲求を有する個人の集合として形成される。消費に対する好み，稼得能力，リスクへの許容度など，私たちは様々な意味で他人とは異なっている。このような多様性を前提としたとき，社会的にどのような政策が望まれるであろうか。

　この問いかけに対する最も基礎的な経済学の答えはシンプルである。それは，人々に自由かつ利己的に行動させればよいというものである。なぜなら，人々は自分の選好や能力を十分理解している「はず」であり，労働・余暇・消費・貯蓄などに関する最適な組み合わせを選択することができる「はず」だからである。もし消費したいと思っている財の価格が高ければ，その財を諦めて別の財を消費すればよい。もし自分の所得が自分の消費欲求を満たすほどに高くなければ，労働時間を増やしたり，（自分の能力を高めて）より高い所得を得られる職に就いたりすればよい。もし自分の住んでいる地域が何らかの不都合を抱えているのならば，居住地を移せばよい。すべての人がこのような行動をとれば，社会的に最も**効率的な資源配分**が実現する。このことを数式的に証明したのが**「厚生経済学の第一命題」**である。

　しかし当然のことながら，現実的にはこのような単純なストーリーが成り立つわけではない。身体的・性別的・社会的・地域的などの様々な制約によって，経済学が想定するほど自由に行動できない人たちが存在するからである[1]。生活するための最低限の所得を稼ぐことができなかったり，生活するために必要な最低限の財を購入する環境が整っていなかったりする場合，

政府が何らかの形で介入し，状況を改善することが求められる。

　その際の介入の仕方として，「**選別主義（selectivism）**」と「**普遍主義（universalism）**」という2つの概念がある。選別主義というのは社会保障や社会福祉などに関する基準を設定し，限られた対象者のみにそのサービスを提供するという考え方であり，普遍主義とはそのような基準や審査なしに，サービスを必要としている人は誰でもそれを利用できるようにするという考え方である。選別主義の下では普遍主義に比べて受益者が少ないため，サービス供給のための直接的なコストが小さくなる。そこで，どこの国においても，社会保障・社会福祉は選別主義の色合いが濃い状態からスタートした。しかしながら，社会が発展し，個人の尊厳が重視されるようになる中で，選別主義が持つ様々な問題が浮き彫りになってきた。

　まず，選別主義においては受益者の審査が不可欠であるが，必要十分な対象者を選別するための審査は決して容易ではない。また，審査をごまかして受益をしようとする人々も少なからず存在する。そして審査の過程において，あるいは審査の結果として，選別された対象者にネガティブな烙印（スティグマ）が押されかねないという問題もある。イギリスの社会政策学者であるロバート・ティトマスは，スティグマを「文化的に受け入れがたい言葉による攻撃」ととらえ，社会にあってはならないものとした（Titmuss [1974]）。

　このような背景の中で，近年，**選別主義から普遍主義への転換**という流れが起きている。それが生活に必要なものであるならば，誰でも選別されることなく利用できるようにするべきであるという観点から，社会政策が見直されてきたのである。

　社会政策における普遍主義の流れは，市場で取引される財のあり方にも影響を与えた。1985年にアメリカの建築家であるロナルド・メイスは**ユニバーサル・デザイン**という概念を提唱した。これは，製品・建物・空間をできる

1　そもそも，近年の行動経済学の発展により，人々は経済学の想定ほどに合理的に振る舞えないことが明らかになっている。このことは社会政策を考える上で重要な論点であるが，本論の内容とは直接的に関係しないため，ここではその点について詳しく言及することを控える。

限り「誰でも気軽に利用可能であるように設計すること」とするものである。当時既にバリアフリーという概念は存在していたが，これは建物や製品を設計するにあたって障害者を想定し，その障害（バリア）を取り除くように配慮するという考え方で，いわば製品設計における選別主義に相当する。それに対しユニバーサル・デザインは，健常者と障害者（さらには年齢，性別，人種など）の区別をせず，皆が使いやすいことを目指しているという意味で，普遍的（ユニバーサル）である。選別主義から普遍主義へという流れは，ここでも起きている。

2　ユニバーサル・サービスに関する諸議論

2.1　ユニバーサル・サービスとは

そして，この普遍化への流れの中で近年活発に取り上げられているのが「**ユニバーサル・サービス**」という概念である。これは，誰でも等しく享受すべきサービスのことを言い，元々は通信業界における専門用語であったが，現在では幅広い産業に適用されている[2]。具体的には通信，電気，ガス，水道，郵便，教育，保育などが当てはまり，電気通信審議会［2000］はその特徴として次の3つを挙げた[3]。

① 国民生活に不可欠なサービス
② 誰もが利用可能な料金など適切な条件
③ あまねく日本全国において公平かつ安定的な提供の確保が図られるべきサービス

---

[2] 寺田他［1999］はユニバーサル・サービスの必要性を認めつつも，業界ごとに社会的な必要性や収益構造の違いがあるため，安易にその範囲を拡大することは危険であると警鐘を鳴らしている。

[3] OECD［1991］はユニバーサル・サービスの特徴として，「どこに住んでもアクセス可能なこと（universal geographical availability）」，「価格とサービスに関して差別がないこと（non-discriminatory access）」，「安価であること（reasonable cost or affordability）」を挙げている。

ユニバーサル・サービスという言葉自体は，実は1900年代初頭に既に存在していた[4]。また，直接的にそのように表現されることはなかったものの，日本における郵便，電話などはこれまで実質的にユニバーサル・サービスとして機能してきた。しかし，この言葉が広く共有され始めたのは1990年代後半である。その背景には，様々な公共サービスに関する規制緩和と地方分権の推進，そして技術の進歩がある。

規制が強く，全国画一的なサービスが供給されていた時代には，ユニバーサル・サービスという言葉を使わずともそれは実現していた。一方，規制が緩和され，それまで国家が独占していたサービスに民間企業の参入が認められるようになると，収益性の高い地域と低い地域でサービスの質や価格に差が生じるという事態が起きてきた。規制緩和とタイミングを同じくして起きた地方分権の動きも，ある地域と別の地域を差別化するように働いた。そして，技術の進歩は，メニューコストの存在によってそれまでは一律に提示されていた価格に差をつけることを容易にした[5]。

一般的に言えば，このような傾向は必ずしも否定的にとらえられるものではない。むしろ効率性の改善という観点からすれば，歓迎されるべきとすら言える。しかし，それがすべての国民にとって必要なサービスである場合，価格や質のバラツキは，社会に一種の不安を引き起こすことも確かである。ユニバーサル・サービスという考え方は，そのような不安の高まりの中で普及をし始めた。ある意味，逆説的なことではあるが，社会が多様化し，その多様性が認められる環境が整ってきたために，「普遍的である」ことの意義がクローズアップされだしたのである。

---

4 1907年にAT&Tの当時社長であるセオドル・ヴェイルが年次報告書で「ユニバーサル・サービス」という用語を使っている。ユニバーサル・サービスの定義やその言葉が生まれた背景については，林・田川［1994］の解説が詳しい。
5 メニューコストとは，価格変更に伴って発生する費用のことである。かつては，消費者の特性，時間帯，地域などに応じて価格を変更しようとすると大きな費用がかかっていた。しかし，交通機関におけるICカードや電力等におけるスマートメーターなどが発達した結果，現在ではそのような費用は小さくなった。

2.2　ユニバーサル・サービスに関する先行研究

　以上の節で「普遍性」に関して詳細に述べてきたのは，ユニバーサル・サービスという考え方がどのように普及してきたかを確認したかったからである。ここまで見てきてわかるように，そこに効率性という根拠を見つけるのは難しい。むしろ効率性を犠牲にしてでも公平や公正を追求することが重要であるという考えが根底にあったように思われる。

　ユニバーサル・サービスを経済学的に正当化する際によく用いられる論理が**ネットワークの外部性**である（例えば Noam［2001］，Madden［2010］）。ネットワークの外部性とは，利用者が増えれば増えるほど利用者1人当たりの便益が増加することを言い，電気通信（電話）やインターネットなどがその具体例として挙げられる。例えば，電話を1人の消費者だけが利用しても意味がない。電話というサービスは，そのネットワークの中にある程度の人数が存在することによって初めて成立する。そこで，このようなサービスに関しては，利用者の自発的な加入に委ねるのではなく，安価な価格で，誰でもアクセスできるような環境を整えるというユニバーサル・サービスの考え方が重要になってくる。

　しかし，この考え方に対しては，Barnet and Kaserman［1998］が次のような批判をしている。すわなち，ネットワークサービスが始まった当初ならともかく，ネットワークの利用者が膨大になった今日においてまで，ユニバーサル・サービスという考え方の下で制約を課したり補助を与えたりすることは認められないというものである。同様に福家［2007］も「ユニバーサル・サービスがいぜんとして維持されているのも，経済的な理由というよりも（中略）政治的な動機に基づいていると考える方が自然である」と述べている。

　ネットワークの外部性という観点を除くと，ユニバーサル・サービスを正当化する論調はあまり見られない。先行研究の多くは，ユニバーサル・サービスを維持するという前提の下で，そのためにどのような制度や社会的環境が必要かを論じたり（例えば，大沢他［2004］），社会的な負担をどのようにシェアするかを論じたり（例えば寺田・中村［2013］）するものである。

そのような中で，ここでは西森［2013］を取り上げて，あえてユニバーサル・サービスと効率性の関係について考えてみる。西森［2013］は**混合寡占市場**モデル（mixed oligopolistic market model）を用いて，「公平」「公正」という観点から導入されたユニバーサル・サービスが社会的な効率性をも改善し得るケースを論じた。混合市場とは，公企業と私企業が競合している市場のことを言い，現実的な具体例としては交通，郵便，放送，学校，保育（国によっては電力，ガス，水道，自動車）などが挙げられる。DeFraja and Delbono［1989］がこのモデルを用いて公企業の民営化に関する新しい洞察を提示して以降，混合寡占市場は公共経済学，産業組織論，国際経済学などの様々な分野で応用されてきている。

歴史的に見ると，ユニバーサル・サービスと考えられているものの大半は公共部門によって供給されてきたが，近年の規制緩和や民営化などによって，その分野の多くは混合市場となっている。混合寡占市場モデルとユニバーサル・サービスには，対象とするサービスが重なっているという意味での相性の良さがある。

3　混合寡占におけるユニバーサル・サービス制約

3.1　議論の前提

2つの地域を考える。両地域はそれぞれ「都市」と「地方」と呼ばれ，都市の人口は地方の人口よりも多いものとする。すべての個人の選好が同一であるとすると，人口が多い分，都市の需要曲線は地方の需要曲線よりも緩やかな傾きを持つ（図表9－1）[6]。なお，ここでは地域間の人口移動はないものとする。一般的な2地域モデルを考えると，この仮定はやや厳しいものと

6　個人の需要関数を $q=a-p$ と線形で特定化し，都市の人口を n_u，地方の人口を n_r とする。ただし，p は価格，q は量で，$n_u > n_r$ である。両地域における需要の総量と価格を Q_i とすると（$i = u, r$），$Q_u = n_u (a-p)$，$Q_r = n_r (a-p)$ という関係が得られ，これを変形すると都市の（逆）需要関数は $p = a - Q_u/n_u$，地方の（逆）需要関数は $p = a - Q_r/n_r$ となる。ここから，人口の多い地域の需要曲線は緩やかな傾きを持つことがわかる。

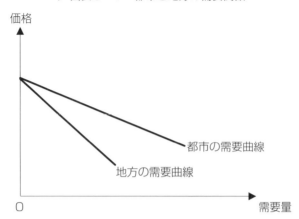

▶図表9-1　都市と地方の需要関数

言える。ただし、ユニバーサル・サービスを想定する限り、どちらの地域に住んでも同質・同価格のサービスを受けることができるので、他の条件が同じである限り、住民にとっては移動のインセンティブがないと考えられる。また、ここで提供されるサービスは地域をまたいで転売されることはないものとする。

　この経済には社会的余剰の最大化を目指す公企業と、利潤の最大化を目指す私企業がそれぞれ1社ずつ存在している。各企業の費用関数は同一で、右上がりの供給曲線（限界費用が逓増的な費用関数）を想定する。また、企業は他社の生産量を所与として自己の生産量を同時に決定する。企業がこのように行動して得られた結果をナッシュ均衡と言う。均衡において生産量と価格が決まり、その結果として消費者は消費者余剰を、生産者は生産者余剰を得る。その合計は社会的余剰と呼ばれ、社会的余剰が大きい状態を「社会的に効率的」と考える。

3.2　固定費用が市場構造に与える影響

　ここで、固定費用について言及しておく。通信や郵便などのサービスを想定すると、企業が市場に参入するには、ネットワークやノウハウの形成など、何らかの固定費用が必要となる。この固定費用が大きいと、利潤を得ること

第9章　ユニバーサル・サービス政策―地域間公平性と効率性の両立―　135

▶図表9-2　固定費用の大きさと市場構造

	ケースⅠ	ケースⅡ	ケースⅢ	ケースⅣ	ケースⅤ
都市	混合寡占	混合寡占	公企業独占	公企業独占	供給者なし
地方	混合寡占	公企業独占	公企業独占	供給者なし	供給者なし

←固定費用が小さい　　　　　　　　　　　　　固定費用が大きい→

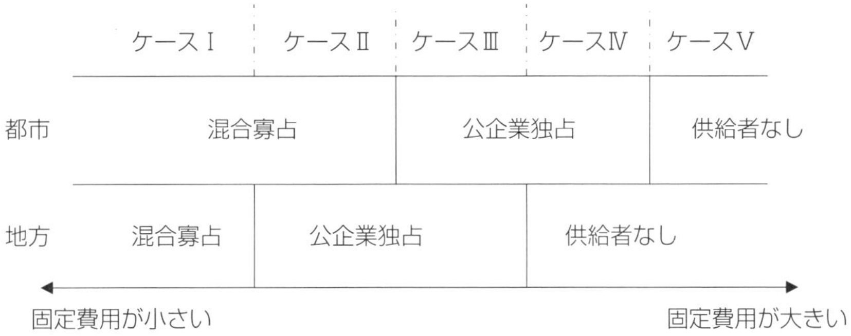

が難しくなるため，企業は市場に参入することができない。ただし公企業の場合は，仮に利潤が赤字になっても社会的余剰が正であるならば（税による補填を前提として）供給を行うことができる。そのため，固定費用が小さいときには公企業と私企業が混在する混合寡占になるが，固定費用がある水準を超えると市場には私企業がいなくなり，そこからさらに固定費用が大きくなると公企業も存在しなくなる。

また，都市は地方に比べて需要が大きいので，固定費用が多少大きくても供給者は存在可能だが，地方の場合は都市に比べて許容できる固定費用の値が小さい。これらをまとめると，固定費用の大きさと市場構造の関係は図表9-2のようになる。

ここから，固定費用の大きさに応じて都市と地方の市場構造は次の5つの組み合わせに分けられることがわかる。

　ケースⅠ：都市・地方ともに混合寡占
　ケースⅡ：都市は混合寡占で，地方は公企業独占
　ケースⅢ：都市・地方ともに公企業独占
　ケースⅣ：都市は公企業独占で，地方は供給者なし
　ケースⅤ：都市・地方ともに供給者なし

ただし，供給者が存在しない状況を分析するのは意味がないので，以下では，ケースⅣ，Ⅴは除外して，ケースⅠ～Ⅲのみを取り上げる。

3.3　効率的なユニバーサル・サービスは実現可能か？

このモデルでは，すべての企業が供給するサービスの質は同じとしている。よって，ここでの「ユニバーサル・サービス制約」とは，地域間で価格の違いがないことを意味する。3.2項で示したそれぞれのケースについて，ユニバーサル・サービス制約の有無が効率性にどのように影響するかを比較する[7]。

まずケースⅢから考えていこう。仮にユニバーサル・サービス制約がなければ，両地域の公企業はそれぞれの限界評価と限界費用が一致するところで供給を行う。ミクロ経済学の教科書が示す通り，これは社会的余剰を最大化する均衡である。この状態にユニバーサル・サービス制約を導入すると，公企業の行動が変化し，社会的に最も効率的な均衡から外れることになる。つまり，このケースでのユニバーサル・サービス制約の導入は確実に社会的な効率性を悪化させる。

次に，ケースⅠを見てみよう。結論を先に述べると，この場合もユニバーサル・サービス制約の導入は社会的な効率性を悪化させる。理由はケースⅢとほぼ同様である。両地域の企業構成が同じである限り，価格に関する規制は歪みを大きくする方向には働いても，小さくする要素は存在しない。そのため，ユニバーサル・サービス制約は効率性の改善には寄与しないのである。

これに対し，ケースⅡではやや異なった結論を得ることができる。説明の便宜上，ユニバーサル・サービス制約がない状況での社会的余剰を SS_{II}^{N}，ユニバーサル・サービス制約が課された状況の社会的余剰を SS_{II}^{U} と表すことにしよう。このケースにおけるナッシュ均衡を求め，社会的余剰を計算すると，基本的には $SS_{\mathrm{II}}^{N} > SS_{\mathrm{II}}^{U}$ となる。しかしながら，都市と地方の人口比率によっては $SS_{\mathrm{II}}^{N} < SS_{\mathrm{II}}^{U}$ となり得ることもある[8]。ここから，次の結論が導き出

---

[7]　計算結果に関する詳細は西森［2013］を参照のこと。
[8]　個人の需要関数を $q=a-p$，企業の費用関数を $C=q_i^2+F$ としてシミュレーションすると（q, p, F はそれぞれ量，価格，固定費用）都市の人口と地方の人口の比率が1：0.6のときに $SS_{\mathrm{II}}^{U}=SS_{\mathrm{II}}^{N}$ となり，そこから限界的に地方の人口が増えると $SS_{\mathrm{II}}^{N}<SS_{\mathrm{II}}^{U}$ となる。ただし，ある程度まで地方の人口が増えるとその後は再び $SS_{\mathrm{II}}^{N}>SS_{\mathrm{II}}^{U}$ となる。

れる。

　私企業が地方から撤退し，地方が公企業の独占になった場合，ユニバーサル・サービス制約が社会の効率性を改善することもあり得る。

　この結論が示すのは，一定の条件がそろえば，ユニバーサル・サービス制約は公平性だけでなく，効率性の観点からも正当化される可能性を持っているということである。なぜ，そのようなことが起こるのだろうか。その直感的な解釈は以下の通りである。
　まず，都市における生産を考えよう。限界費用が逓増的であることを踏まえると，最も生産の効率性が高いのは，公企業と私企業が同量の生産を分担することである。しかし，この市場では，公企業は社会的余剰を増やすためになるべく多く生産しようとするのに対し，私企業は価格を引き上げるためにあまり多くの生産を望まない。その結果，均衡において都市における公企業と私企業の生産に差が生じることになる（つまり，都市部における生産の非効率性が生じている）。
　地方に目を向けると，この地域における供給者としては公企業しか存在していないため，都市のように公企業と私企業で生産を分担することができない。その結果，地方の方が少ない生産しかしないにもかかわらず，都市よりも限界費用が高くなることがあり得る。このような状況でユニバーサル・サービス制約を導入すると，相対的に限界費用の高い地方の価格が引き下げられ，逆に都市の価格が引き上げられる。
　このとき，都市における私企業には生産量を増やすインセンティブが生まれる。また一方で，公企業は私企業の生産を促すために，あえて生産量を増やさないという戦略をとる。その結果，都市部において公企業と私企業の生産量の差が縮まる。これは，都市部における生産の効率性を改善することになる。この影響が価格政策による歪みの影響を上回るとき，ユニバーサル・サービス制約は効率面でも正当化されることになるのである。

4　効率性と公平性：バランスの良い議論を目指して

　社会政策を考える際，効率性と公平性はどちらも欠かすことの出来ない重要な概念である。効率的かつ公平な政策を実行できればそれに越したことはないが，両者は往々にして対立するため，その折り合いをどのようにつけるかが難しい。

　本章は，20世紀後半から起きた「普遍化」の流れを確認し，そこから生まれたユニバーサル・サービスという考え方に焦点を当てた。そして，その考えの下で実行された政策が，公平性だけでなく効率性をも実現可能であるようなケースを検討した。その結果を見ると，都市と地方で供給者の構造が同じであればユニバーサル・サービス制約は社会的な効率性を常に悪化させるが，都市と地方の供給者の構造が異なっている場合には，ユニバーサル・サービス制約が効率性を改善する方向に働くこともあり得ることがわかった。

　本章では，計算の便宜上，混合寡占か公企業独占のどちらかという2つの極端なケースしか取り上げなかったが，都市と地方で企業数が異なっていれば同じ論理は成立する。現実を見た場合，都市部と地方で市場構成が異なっている方が一般的であると思われるので，その意味で，この分析にはそれなりの意義があると思われる。

　今後，規制緩和・地方分権が進展することは間違いない。前述のように，そのような社会においては，逆説的ではあるが，ユニバーサル・サービスのような考え方がよりいっそうの重要性を持つようになると思われる。公平，公正という観点だけでなく，効率性も含めた様々な議論が必要となってくることであろう。

（西森　晃）

参考文献

- 大沢真理・森田朗・大西隆・植田和弘・神野直彦・苅谷剛彦［2004］『ユニバーサル・サービスのデザイン　福祉と共生の公共空間』有斐閣。
- 寺田一薫・中村彰宏［2013］『通信と交通のユニバーサルサービス』勁草書房。
- 寺田一薫・南部鶴彦・藤井彌太郎・山内弘隆［1999］公益サービスにおける公平と

公正：ユニバーサルサービスをめぐって，『運輸と経済』第59巻，第1号，4-14頁。
- 電気通信審議会［2000］「IT革命を推進するための電気通信事業における競争政策の在り方について」の第一次答申。
- 西森晃［2013］ユニバーサルサービスに関する均一価格政策の意義『南山経済研究』第27巻，第3号，221-231頁。
- 林紘一郎・田川義博（1994）『ユニバーサル・サービス マルチメディア時代の「公正」理念』中公新書。
- 福家秀紀［2007］『ブロードバンド時代の情報通信政策』NTT出版。
- Barnett A. H. and D. L. Kaserman［1998］The Simple Welfare Economics of Network Externality and the Uneasy Case for Subscribership Subsidies, *Journal of Regulatory Economics*, vol.13, 245-254.
- DeFraja G. D. and F. Delbono］［1989］, Alternative Strategies of a Public Enterprise in Oligopoly, *Oxford Economic Papers*, vol.41, 302-311.
- Madden, G.［2010］Economic Welfare and Universal Service Obligations, *Telecommunications Policy*, vol.34, 110-116.
- Noam E. M.［2001］*Interconnecting the Network of Networks*, The MIT press.
- Titmuss R.［1974］*Social Policy*: An Introduction Routledge.
- OECD［1991］*Universal Service and Rate Restructuring in Telecommunications*, OECD.

第10章

地域コミュニティ政策
―市場・行政との連携―

1 地域コミュニティにおける地縁団体

　わが国では，これまで地域を支えてきたコミュニティの弱体化が進行している。高度成長の恩恵に浴する傍らで，農村部や都市部を問わず地域コミュニティが疲弊し崩壊しているとさえ言われている例も見られる。そして，先進国では類を見ない速度で進む高齢化が，それに拍車をかけている。さらに，政府の抱える長期債務残高は1,000兆円を超える未曾有の水準に達し，行政による地域コミュニティへのきめ細やかな行政サービスの継続や拡充の余地を狭めている。

　地域コミュニティの弱体化は，わが国を取り巻く経済・社会問題に対する市場と行政の対応力を弱めることにつながる。「市場経済と行政は，土台としての社会によって支えられている」からであり，「わが国では，社会における個々人の連携の持つ意味を自覚し，その機能を再認識することが求められて」いる（奥野・栗田［2010］）。人と人との繋がりを醸成・熟成させる場を古くから地域において提供してきたのが地縁団体であり，市場と行政を円滑に機能させるためには，地縁団体を通じた地域コミュニティの活性化が不可欠である。

　地縁団体の典型が，いわゆる町内会や自治会等の住民自治組織である。町内会は，「原則として一定の地域的区画において，そこで居住ないし営業するすべての世帯と事業所を組織することをめざし，その地域的区画内に生ずるさまざまな（共同の）問題に対処することをとおして，地域を代表しつつ，地域の（共同）管理に当たる住民自治組織」と定義される（小木曽ほか

[1996]）。

　町内会や自治会等の呼称は地域によって町会・部落会・区会など様々であるが，本章では町内会と表記する。その上で，本章では，町内会の実態を探るために実施したアンケート調査の結果を紹介し，かつ地域コミュニティを経済学の立場から分析する有用なアプローチである公共財の自発的供給理論にもとづきながら，町内会の活動を通じた地域コミュニティの活性化策を探ることを目的とする。

2　町内会とは

2.1　町内会の変遷

　町内会の根源については諸説あるが，7世紀にまで遡ることができるとする研究がある。町内会は長い年月を費やして時代とともに形を変えながら地縁による自治組織として各地域に根付いてきたことになる。

　地縁による自治組織の転換期は明治に入って訪れる[1]。1889年の「市制町村制」の施行により近代的な地方自治制度の礎が築かれるとともに，明治の町村大合併が実施されて市町村の行政区域が広域化されると，行政と地域社会が離れ，その間をつなぐ役割を町内会の前身が担うことになる。

　その後，町内会は1940年の内務省による「部落会町内会等整備要領」の通達により戦時体制下の末端組織として整備され，1943年の「市制町村制」の改正により市町村長の支配下に置かれるなど，国家による統制を強く受けていく。戦後の1947年には占領軍により町内会が戦争協力・動員のための組織とみなされ解散を命じられる期間があったものの，その間も実態としては全国に存在し続けた。自治庁「町内會部落會についての調査（1956年）」によれば，調査対象の市町村の98%に町内会が存在していることが報告されて

---

[1]　明治以降の町内会の歴史的変遷の詳細については，鳥越［1994］や小木曽ほか［1996］を参照されたい。

いる。

　高度成長期には，都市部への人口集中，生活圏の拡大，生活環境の基盤施設の不足，公害の生起，個人の生活様式・生活意識の変化，農村部の生産構造の変化など，地域における新たな課題が顕在化する。これらの問題に対処するには町内会では力不足であったため，国民生活審議会調査部会コミュニティ問題小委員会による報告「コミュニティ―生活の場における人間性の回復―（1969年）」を機に，新たなコミュニティの形成を目指す政策が1970年代以降に自治省を中心として行われる。その後，この政策はさらに展開されるが，町内会の機能が完全に代替されるわけではなく，町内会は消滅せずに併存して今日に至っている。

2.2　町内会の現状

　町内会は住民同士が直接的に接することのできる自治組織である。また，町内会は行政機能を代替・補完する多様な主体の1つとして，「古くからある公民パートナーシップの最も素朴な形」でもある（奥野［2006］）。前述の定義における特徴に加え，これらの特性によって地域の多様な問題に対処し，地域の生活環境を守ってきたため，ある特定の問題が解決されたとしても解散されずに存続している。

　三輪［2014］によると，2013年4月1日時点で全国に町内会は29万8,700団体存在している。同時期の全国の世帯数を基準とすると平均して約186世帯ごとに町内会が組織されていることになり，地縁団体として比類ない数の団体である。この全国に遍在するメリットを活かして行政では対応しきれない地域コミュニティの維持や形成に資する活動を行っている。

　本項では，町内会に関するアンケート調査に基づいて，町内会活動の現状を見ていこう。アンケートはインテージ社のモニター登録個人に対するインターネット調査によって実施された。調査対象者は全国に居住する20歳以上70歳未満の男女2,177名である。サンプルは，後述するように全国の市区町村を人口規模に応じて4分割し，その人口比率にサンプル数の比率が近づくように設計した。2016年1月22日（金）から25日（月）を回答期間としてア

▶ 図表10-1　市区町村の人口規模別の回答者数

人　口	人数	%
50万人以上	168	28.0
20万人以上50万人未満	100	16.7
5万人以上20万人未満	227	37.8
5万人未満	105	17.5

▶ 図表10-2　年齢別の回答者数

年　齢	人数	%
20〜29歳	56	9.3
30〜39歳	101	16.8
40〜49歳	191	31.8
50〜59歳	156	26.0
60〜69歳	96	16.0

ンケート調査を実施したところ，回答があったのは600名であり，回収率は27.6％であった。

　図表10-1は，回答者の居住する市区町村を人口規模別に4分割した割合である。人口5万人以上20万人未満の都市に居住する個人からの回答が37.8％と最も多く，次いで人口50万人以上の都市に住む個人からの回答が多い。回答者の年齢別の割合を示したのが図表10-2である。20〜29歳の個人による回答が少なく，40〜49歳の個人による回答が多い。また，回答者の性別は，男性52.5％，女性47.5％である。

　アンケート調査による町内会の活動実態が図表10-3である。町内会の会員が実際に携わる活動は，地域住民の親睦を促す活動から生活環境の整備や行政への陳情などまでであり，その守備範囲は広い。また，住民が町内会に期待する活動も幅広い。地域コミュニティと行政との架け橋となってきた歴史的経緯から，町内会は行政と相互依存関係にあり，行政からの連絡の伝達や行政から委託される業務を遂行するとともに，住民の要望を汲み取り行政に伝え，地域の生活環境の維持や改善に貢献している。

▶ 図表10-3　町内会の活動内容

活動内容	参加した活動	期待する活動
住民同士の連絡のための活動（回覧板，会報の回付を含む）	61.1%	24.8%
環境美化・清掃活動	50.1%	29.7%
行事の開催（盆踊り，お祭り，敬老会等を含む）	32.8%	15.8%
防災，防火活動	18.5%	29.5%
交通安全・防犯活動	12.3%	23.8%
道路・設備管理（街路灯の整備，集会施設の管理を含む）	9.2%	20.2%
福祉活動	3.9%	8.0%
行政への要望活動	3.6%	7.7%
その他	3.1%	0.8%

注1：「参加した活動」は，町内会に「加入している」と回答した人のうち，「参加した活動すべてをお答えください」という問いに対し回答した人の割合である。
注2：「期待する活動」は，「お住まいの地域で，自治会・町内会などに特に行ってほしい活動を3つまでお答えください」という問いに対し回答した人の割合である。

　1888年に71,314存在した町村は，明治・昭和・平成に実施された三度の市町村の大合併によって，2014年4月には1,718市町村にまで集約が進んでいる。平成の大合併によって香川県より大きな面積を持つ高山市が誕生するなど，市町村の行政区域は一段と広域化している。行政の携わる事務の広域化は行政と地域コミュニティを遠ざける。様々な形態の地縁団体が存在しているが，全国に遍在して区画内の全世帯・事業所を構成員の対象とする特徴を持つ町内会には，広域化した行政と地域コミュニティをつなぎ，行政を代替・補完する役割が，これまで以上に求められる。

2.3　町内会の課題

　町内会の抱える問題の中で「最大の問題が，加入しない住民の増加，いいかえれば加入率の低下」である（中田ほか［2009］）。前掲の自治庁「町内會部落會についての調査（1956年）」によれば，町内会に加入していると回答した人は86.3%であり，加入率が80%以上である町内会は全国の団体の95%以上に達している。一方，前掲のアンケート調査では町内会に加入している

▶図表10-4　町内会活動への参加頻度

1968年（町村部）	だいたい参加する ／ 時々参加する ／ ほとんど参加しない	
1968年（市部）	だいたい参加する ／ 時々参加する ／ ほとんど参加しない ／ わからない	
2016年	月に1日程度以上 ／ 年に数回程度 ／ それ以下 ／ 参加していない ／ わからない	

注1：1968年は町内会に「入っている」と回答した人を母数としている。
注2：2016年は町内会に「加入している」と回答した人を母数としている。また、「月に1日程度以上」は、町内会の活動への参加頻度についての問いに対して、「ほぼ毎日」、「週に数回程度」、「月に1日程度」と回答した人を合計して割合を算出している。
出所：内閣府「住民自治組織に関する世論調査（1968年）」及び前掲の調査をもとに筆者作成。

と回答した人は59.5％にとどまっており、加入率は顕著に低下している。

　さらに、司法判決による逆風が吹いている。2005年4月に最高裁判所第三小法廷は、町内会の会費未納問題について争った「自治会費等請求事件」に関する判決の中で、町内会の会員は、いつでも町内会に対する一方的意思表示により町内会を退会することができると指摘している[2]。さらに、その根拠の1つとして、町内会が強制加入団体ではないことに言及している。強制加入ではなく、一方的な意思表示のみで退会が可能であるなら、町内会の加入率は今後ますます低下することが容易に予想される。

　加入率の低下に加えて、会員が町内会の活動にあまり参加しなくなったことによる町内会の形骸化が危惧される。**図表10-4**は、町内会の会員が活動に参加した頻度を表している。1968年に住民は町内会の活動に頻繁に参加していた。しかし、2016年には過半数の住民がほとんど参加せず、月に1日程度以上参加している住民は2割にも満たない。

　加入率の低下や会員の活動への不参加は、会員の高齢化による活動の停滞や役員の担い手不足といった問題を助長する。町内会にとって風向きの悪い状況にあるが、内閣府「国民生活選好度調査（2011年）」からは、問題解決

2　本判決の詳細は、中田［2007］第10章を参照されたい。

への糸口が見える。町内会に加入している人や加入を検討している人の約半数が「地域の人と触れ合える」ことや「地域の必要な情報を得ることができる」ことを加入理由としてあげている。

この結果は，地域コミュニティにおいて，町内会が人と人との繋がりを形成する場として現在も機能していることを示唆している。町内会の会員に活動への参加頻度を改善させる誘因を持たせられれば，活動を通して住民同士の交流が深まり，地域コミュニティの活性化につながる。さらに，脱会の防止と未加入者への周知にもつながり，加入率の改善が期待できる。

3　地域コミュニティの経済学

3.1　公共財供給としての町内会の活動

排除不可能性と非競合性の2つの消費における性質によって特徴付けられる財・サービスが公共財である。供給主体は問わないため，政府が必ずしも供給する必要はなく，民間部門によって供給される公共財が存在する。町内会の活動内容は図表10-3のように多岐にわたるが，活動の結果として提供される財・サービスのほとんどが公共財としての特性を濃淡はあるものの有すると解釈できる。

例えば，図表10-3の環境美化・清掃活動から得られる便益を，地域住民は対価を支払わなくても享受することができる。さらに，1人の住民がその便益を享受していても，他の住民も便益を享受できる。したがって，これらの活動から得られる便益は，地域住民にとって公共財の性質を有している。

さらに，町内会の活動は会員の自発的な意思による参加や費用の負担に支えられて実施され，活動によってもたらされる便益の及ぶ範囲は，主に当該地域に居住する会員世帯に限定されるという特徴がある。このような町内会の活動に代表される民間部門による自発的な公共財の供給メカニズムを規範的，また，実証的に分析する枠組みが，**公共財の自発的供給理論**である。

強制的な徴税手段を持たない民間部門が公共財を供給する場合，個人の公

共財の供給量やその総供給量はどのような水準になるのだろうか。また，社会の慣習・制度や政府による政策は，それらに対していかなる影響を及ぼすのだろうか。個人の自発的な公共財の供給が他の個人の効用水準に影響を及ぼす利他的な外部性を想定して，これらの問いを探究する経済理論である。

3.2　公共財の自発的供給理論のエッセンス

　ここでは，簡単に公共財の自発的供給理論のエッセンスを説明しておこう。あるコミュニティ（以下，地域と呼ぶ）に，$i=1, 2, \cdots, n$ で表される n 人の住民が存在しているとする。また，私的財 x と，この地域に在住する住民の自発的な供給によって支えられる公共財 G が，それぞれ1つ存在するものとする。以下では，簡単化のために，地域の生産物が定率で私的財もしくは公共財として利用できるものとする。住民 i は所与の所得 w_i を私的財の購入と公共財の供給 g_i に振り分け，予算制約式が次のように表される。

$$x_i + g_i = w_i \tag{10-1}$$

例えば，住民 i の町内会の清掃活動への参加頻度が g_i である。

　地域で供給される公共財の水準（ここの例でいえば清掃活動によって保たれる地域の美化水準）が，各住民の公共財への自発的な供給量の総量に等しくなるとすると，当該地域の公共財の総供給量は，以下のようになる。

$$G = \sum_{i=1}^{n} g_i \tag{10-2}$$

簡単化のため，すべての住民は多少なりとも公共財の供給を行うと仮定する（$g_i > 0$）。

　公共財の2つの性質により，各住民は公共財への自らの供給量以外に他の住民の供給量についても消費でき，全員が等量の公共財を消費可能である。住民 i は購入した私的財と地域で供給される公共財を消費することにより効用を得て，効用関数が次式のように表される。

$$U_i = u_i(x_i, G) \tag{10-3}$$

ここで，効用関数は標準的な仮定を満たすものとする。

各住民は，他の住民が行う意思決定を所与としながら，(10-1)及び(10-2)を制約として，(10-3)を最大にするように，私的財の消費量と自発的な公共財の供給量を選択する。住民の効用最大化行動の結果，次式が得られる。

$$MRS_i(x_i, G) = 1 \tag{10-4}$$

ここで，左辺は限界代替率である。各住民は限界代替率と右辺の限界変形率が等しくなるように，公共財の需要量，つまり，地域で供給される公共財の水準を選択する。

ところで，最適な公共財の供給水準を実現するパレート最適のための条件は次式によって与えられる。

$$\sum_{i=1}^{n} MRS_i(x_i, G) = 1 \tag{10-5}$$

(10-5)は，**サミュエルソン・ルール**と呼ばれ，公共財から便益を得る住民の限界代替率の総和と限界変形率が一致するように，公共財の供給水準が決定されることを意味する。

(10-4)と(10-5)を比較すると，両者は一致しない。各住民の私的財の消費量が少なく公共財の消費量が多いほど，限界代替率逓減の法則より限界代替率は小さくなる。したがって，住民が自発的に公共財の供給量を決定すると，パレート最適な公共財の供給が実現せずに過小供給となる。これは，各住民の公共財の供給量にかかわらず，誰でも等量消費できる公共財の性質に起因する。換言すれば，合理的な住民には，公共財の供給量を控えて他の住民の供給量に便乗（ただ乗り）する**フリーライダー**として振る舞おうとする誘因が生じるためである。

では，コミュニティの規模（地域の住民数）とただ乗りの誘因との間には

どのような関係があるのであろうか。この点に関して先駆的な研究を行ったメリーランド大学のオルソン教授は，公共財を供給する人数が多いほど，公共財の総供給量が社会的に最適な水準から乖離することを発見している（Olson [1965]）。すなわち，コミュニティの規模が大きいほど，コミュニティ内において住民によって自発的に供給される公共財の総量が最適水準から大きく乖離してしまうことになるのである。

4　地域コミュニティを活性化させるために

前節のモデルをもとに地域コミュニティを活性化させるための方策を，その内部における対策と外部からの支援の両面からまとめてみよう。

4.1　地域コミュニティ内部における対策

先に述べたオルソン教授の見解に従えば，コミュニティの規模を小さくしておくことは，コミュニティ内部で自発的に供給される公共財が最適な水準に近づくことにつながる。その意味では，コミュニティの規模を一定水準に保つことで，ただ乗りの誘因を低く抑えて，コミュニティ内での公共財供給を効率的に行う仕組みを作ることが重要であるといえる。

他方で，前節で紹介したモデルでは，住民の意思決定は一度限り行われることが想定されている。しかしながら，住民同士が直接的に接する町内会では，地域の共同生活に密接に関わる活動への参加について，会員は一度限りの意思決定を行うのではなく，何度も繰り返し行っているとも考えることができる。

住民が長期的に何度も繰り返して公共財供給を行うような状況においては，オルソン教授が指摘するような公共財のただ乗り問題が生じない可能性が出てくることがアラバマ大学のペコリーノ教授によって指摘された（Pecorino [1999]）。彼の主張を描写するために，繰り返しゲームの理論的枠組みを用いて拡張を行った研究を紹介し，そこからコミュニティ活性化のヒントを探ることにしよう。

▶ 図表10－5　町内会活動への参加頻度と居住年数

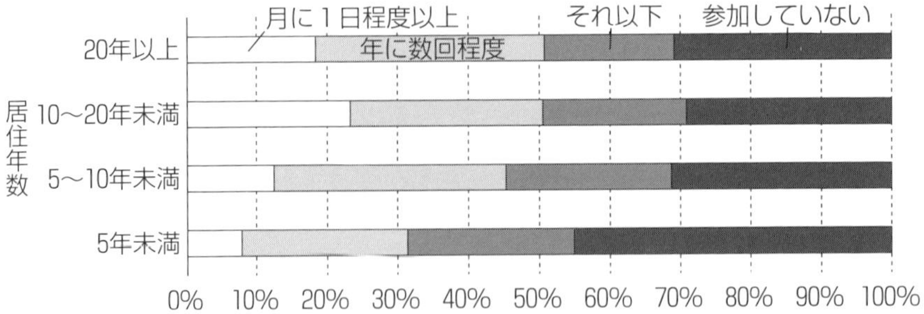
月に1日程度以上
年に数回程度
それ以下
参加していない
居住年数
20年以上
10～20年未満
5～10年未満
5年未満
0%
10%
20%
30%
40%
50%
60%
70%
80%
90%
100%

注：図表10－4の注2に準ずる。

ペコリーノ教授は公共財への自発的な供給量に関する意思決定を，多数の住民が無限に繰り返す状況を想定し，各住民が意思決定をする際に，誰かが協調行動から逸脱すると全員が永久に非協調的な行動をとる**トリガー戦略**を採用すると仮定して分析を行っている。

この戦略のもとで各住民は，協調行動から逸脱してただ乗りする便益と，その費用として，それ以降に非協調的な公共財の供給しか行われなくなることを勘案して意思決定を行う。大規模なコミュニティにおいて全住民が非協調的な行動をとると，公共財の総供給量が社会的に最適な水準から乖離するため，協調行動から逸脱する費用がかさみ，ただ乗りする誘因が弱まる。このことは，オルソン教授の主張が必ずしも成立せずに，むしろ規模の大きなコミュニティにおいてこそ，社会的に最適な水準の公共財が供給される可能性があることを示している。

先に示したアンケート調査では，居住年数が5年未満の会員に対して，居住年数の長い会員は町内会の活動に積極的に参加し，不参加の割合が少ない傾向がある（図表10－5）。住民が区画内に長く居住して昔ながらの近所づきあいを構築することが，町内会の活動が円滑に行われるために重要であることを示唆しており，繰り返しゲームの理論から得られる含意と整合的な結果ともいえる。

ペコリーノ教授の研究では，トリガー戦略を採用する住民を仮定している。しかし，活動に参加しない会員がいるだけで崩壊の危機に瀕する団体は永続

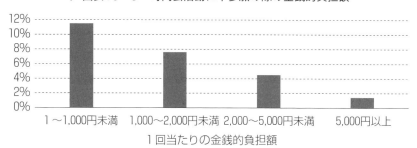

▶図表10-6　町内会活動に不参加の際の金銭的負担額

１回当たりの金銭的負担額

できない。町内会によっては，このような事態に陥らないために慣習的・制度的な工夫を施しているところがある。

　例えば，町内会の活動に参加できない住民が協力金などの名目で金銭的な負担を行う仕組みである。**図表10-6**は，実際の金銭的な負担額についてアンケート調査した結果である。町内会に加入している人の約25％が町内会にこのような仕組みがあると回答している。１回当たり1,000円未満の負担が最も多いが，5,000円以上の高額な負担もある。

　このような金銭的な負担に着目した研究としてKawachi and Ogawa[2015]がある。彼らは，協調行動から逸脱した場合の金銭的な負担の仕組みが，住民の公共財の供給量を改善させる可能性があることを示している。これは，金銭的な負担の仕組みを導入することで，住民が協調行動から逸脱する誘因を抑えられるので，協調時の目標（清掃活動への参加頻度などの公共財の供給量）を高く設定する余地が生じるためである。さらに，住民が逸脱した場合に金銭的な負担を拒否して協調行動をとらなくなるのを防ぐために，協調時の目標を高く設定して協調行動に復帰した際に得られる満足を高める必要があるためである。

　アンケート調査の結果によると，町内会の活動に月に１日程度以上の頻度で参加する会員の割合と実際の金銭的な負担額との間には，ある程度の正の相関関係が見られる（**図表10-7**）。ただし，参加していない人の割合は実際の負担額が5,000円以上の場合に最も多い。金銭的負担を高額に設定しすぎると，会員の参加意欲を削ぎかねないことに留意する必要がある。

▶ 図表10-7　町内会活動への参加頻度と不参加の際の金銭的負担額

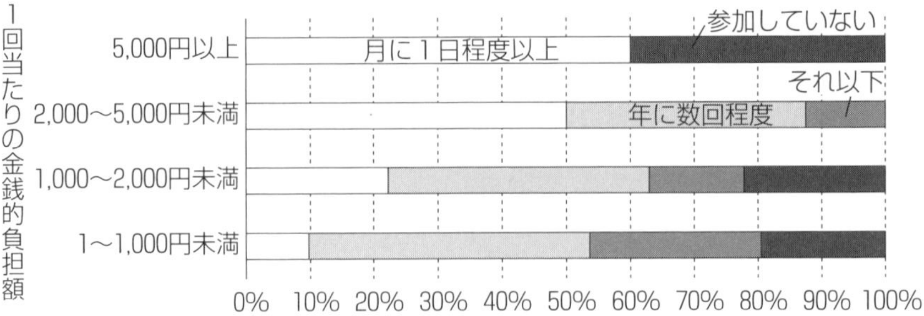

[図表: 町内会活動への参加頻度（月に1日程度以上／年に数回程度／参加していない／それ以下）と1回当たりの金銭的負担額（1～1,000円未満、1,000～2,000円未満、2,000～5,000円未満、5,000円以上）の帯グラフ]

注：図表10-4の注2に準ずる。

4.2　行政による外部からの支援

　地域住民の自助努力では地域コミュニティを維持または形成できないならば，行政が何らかの政策的な介入を行う根拠となる。行政による地域コミュニティへの介入手段の1つとして，地域の共同生活に関わる活動を資金面で支援する政策がある。

　例えば，宮崎市では，地縁団体への加入者数の減少に伴い地域の自治機能が低下していることを理由に，地域活動のための安定した財源を確保する目的で2009年4月に全国で初めての試みとして地域コミュニティ税が創設された（2011年4月以降は徴収を廃止）[3]。具体的には，地域課題を解決する活動の財源に充てるために，市民税均等割の超過課税として市民に1人当たり年額500円の負担を求めるものである。この税金は住民の所得水準にかかわらず定額が賦課される一括税である。住民の消費選択行動を歪めないため効率性の観点からは優れているが，**垂直的公平**に関して問題が残る。

　その他の資金面の支援策として多くの地方政府が実施しているのが，行政区域内の町内会に助成金などの名目で交付する補助金である。地方政府によって補助金の形態は多様であるが，補助金の算定基準として町内会の会員

---

[3]　地域コミュニティ税の詳細は，中田ほか［2009］を参照されたい。

世帯数を採用し，1世帯当たり数百円という単価に世帯数をかけた額を交付する補助金が存在する。会員世帯数が増えるほど交付額が増額され活動資金が潤うため，町内会の運営者に会員を増やす動機を持たせる効果が期待できる。

町内会は地域住民同士が顔を合わせながら繋がりを創造する場であり，行政を代替・補完する役割も担う。行政が町内会の機能を代替するのではなく，地域コミュニティ内の自助努力を促す支援に力点を置く方向に進むことが望まれる。

(川地　啓介)

参考文献
- 奥野信宏［2006］『公共の役割は何か』岩波書店。
- 奥野信宏・栗田卓也［2010］『新しい公共を担う人びと』岩波書店。
- 小木曽洋司・久富靖・中田実・丹生久吉・山崎丈夫［1996］『町内会・自治会の新展開』自治体研究社。
- 鳥越皓之［1994］『地域自治会の研究』ミネルヴァ書房。
- 中田実［2007］『地域分権時代の町内会・自治会』自治体研究社。
- 中田実・山崎丈夫・小木曽洋司［2009］『地域再生と町内会・自治会』自治体研究社。
- 三輪隆太［2014］「地縁による団体の認可事務の状況等に関する調査結果」について，『住民行政の窓』，402号，31-43頁。
- Kawachi, K and Ogawa, H.［2015］Fines and Community Cooperation in a Model of Public Goods Provision, mimeo.
- Olson, M.［1965］*The Logic of Collective Action*, Harvard University Press.
- Pecorino, P.［1999］The Effect of Group Size on Public Good Provision in a Repeated Game Setting, *Journal of Public Economics*, vol.72, 121-134.

第11章

ふるさと納税
―新たな寄付税制による地域活性化―

1　ふるさと納税

「**ふるさと納税**」制度は，任意の地方自治体（都道府県，市町村および特別区）に寄付することによって，その年の個人住民税所得割の20％を限度として，寄付額から2,000円を差し引いた全額が税額控除される制度で，2008年度から導入された。わずか2,000円の自己負担で寄付額の大半が税の控除という形で割り戻され，さらに寄付先の地方団体からの返礼品を受けることができることから，人々の関心も高まっている反面，寄付を受ける地方団体間で返礼品を巡り，一部で過度の競争が展開されるなど，その問題点も指摘されている。

本章では，この制度の概要について簡単に触れた上で，この制度の創設が議論された総務省の「ふるさと納税研究会」における議論を振り返ることによって，この制度が地方自治体の税・財政制度にとって持つ意味と，寄付税制のあるべき姿について考察しよう[1]。

「ふるさと納税」制度のもとでは，以下の通りに税控除が受けられる。

① （寄付額 − 2,000円）が所得控除される。したがって，（寄付額 − 2,000円）に所得税率を乗じた額が国税の所得税から控除される。
② （寄付額 − 2,000円）に10％の個人住民税率を乗じた金額が住民税から控除される（個人住民税基本分）。

1　「ふるさと納税」制度の概要については，総務省ウェブサイト「ふるさと納税ポータルサイト」ならびに山本［2015］を参照のこと。

▶ 図表11-1 「ふるさと納税」による税額控除

[控除額] 所得税と住民税を合わせた控除額の合計[2]＝28,000円	所得税からの控除[3]	所得控除による軽減 (30,000円－2,000円)×20％＝5,600円
	住民税からの控除[4]	（基本分） (30,000円－2,000円)×10％＝2,800円
		（特例分） (30,000円－2,000円)×(100％－10％－20％)＝19,600円
自己負担額2,000円		

出所：総務省ウェブサイト「ふるさと納税ポータルサイト」をもとに筆者作成。

　さらに①と②で控除できなかった額が，住民税から控除される（個人住民税特例分）。住民税の控除は，①の基本分，②の特例分ともに，その40％を寄付者が居住する都道府県の道府県民税から，60％を市区町村民税から行われる。ただし対象となる寄付金額は，所得税については総所得金額等の40％が限度であり，また個人住民税（基本分）は，総所得金額等の30％が限度となる。

　ただし，2008年度の制度の発足時には控除の限度額は個人住民税所得割の10％だったが，2015年1月1日以降の寄付については，限度額が20％に引き上げられた。また制度の発足時には，控除が適用される最低寄付金額は5,000円だったが，所得税については2010年の寄付から，個人住民税については2011年の寄付からそれぞれ2,000円に引き下げられた。

　一例として，年収700万円の夫婦子なしの家計が居住地以外の地方団体に30,000円の寄付を行った場合の所得税と住民税の減税額を図表11-1に示す。「ふるさと納税」制度で30,000円を寄付したとき，寄付額から2,000円を差し引いた28,000円が控除される。内訳は所得税5,600円，住民税（基本分）2,800円，残りの19,600円が住民税（特例分）としての控除である。

　従来「ふるさと納税」制度による税の控除の適用を受けるためには，確定

2　年収700万円の給与所得者（夫婦子なしの場合，所得税の限界税率は20％）が，地方団体に対し30,000円のふるさと納税をした場合のもの。
3　対象となる寄付金額は，所得税は総所得金額等の40％が限度であり，個人住民税（基本分）は総所得金額等の30％が限度である。
4　基本分と特例分を合わせた住民税の控除額の上限は住民税所得割の20％である。

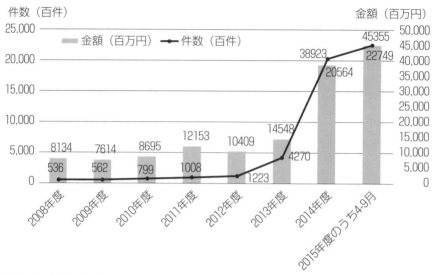

▶図表11−2 「ふるさと納税」の受入額および受入件数の推移(全国計)

出所:総務省[2015]。

申告を行う必要があったが,2015年4月1日以降に行われる寄付については,所得税の確定申告を必要としない給与所得者等(年収2,000万円以下の給与所得者や年収400万円以下の年金受給者など)では,寄付を行う地方団体が5カ所以内の場合にかぎり,各自治体に特例の適用に関する申請書を提出することを条件に,確定申告なしで税の控除が受けられる「**ふるさと納税ワンストップ特例制度**」が創設された。ただし,「ワンストップ特例制度」を利用した場合,所得税からの控除は行われず,税の控除は全額が個人住民税からの控除となる。

　2008年度から2015年度までの「ふるさと納税制度」による地方団体への寄付の実績をみると,**図表11−2**に示されるような経緯を辿ってきた。制度が始まった2008年度には,「ふるさと納税」制度による寄付件数は54,000件,寄付額は81億円程度で,2010年度までほぼ横ばいで推移してきた。2011年度に東日本大震災が発生し,被災地の市町村を支援しようという機運が高まり,件数は前年度を21,000件上回る101,000件,金額でも前年度を35億円上回る122億円となった。2012年度には前年を下回るが,制度の認知が高まったこ

とや，各地方団体が返礼品の充実に努めたこともあって，2014年度には寄付額の合計は2011年度の3倍以上の389億円となった。2015年度には，寄付の限度額が2倍に引き上げられたことや，確定申告なしで税の控除が受けられる「ふるさと納税ワンストップ特例制度」が導入されたこともあり，寄付額は既に9月までの実績で，前年実績を64億円上回る454億円に増大している。

2 制度創設の経緯と「ふるさと納税」が目指したもの

2.1 「ふるさと納税制度」の意義

「ふるさと納税」制度の創設は，2007年5月に菅義偉総務大臣（当時）から，税収の豊かな都市部の自治体と税収に恵まれない地方圏の自治体との間の税収格差の是正を図る制度の創設が提起されたことに端を発した。これを受けて2007年6月に総務省内に「ふるさとと納税研究会」が立ち上げられ，有識者の間で議論して，同年末の税制改正に向けて報告書をまとめることとされた。本節では，「ふるさと納税」制度がどのようなことを目標として創設されたのか，その創設が目指したものについて考察していこう。

ふるさと納税研究会［2007］において「ふるさと納税」制度の意義として強調されていた事柄として，次の3つを挙げることができる。

第1は，「**納税者の選択**」である。すなわち，税制は一度決まれば，国および地方団体が課税権に基づいて強制的に徴税するというのが，近代社会での伝統的な税制である。これに対して「ふるさと納税」は，たとえ納税額の一部であっても，納税者が自分の意思で，納税対象を選択できるという道を拓くものであるとしている。

第2が，「**「ふるさと」の大切さ**」である。自分を育んでくれた人々や「ふるさと」に感謝し，恩返しをしたいという気持ちを生かすための仕組みとして，「ふるさと納税」制度が提案されている。

第3が「**自治意識の進化**」である。「ふるさと納税」制度が実現することによって，「納税」を受けたい全国各地の地方団体は，その出身者や関心を

持ってくれそうな多くの人々に，その魅力を大いにアピールする必要が出てくる。これにより，効果的な自治体間競争が刺激されるであろうとしている。

2.2　ふるさとの大切さ

「ふるさと納税研究会報告書」では，上の第2の論点である「ふるさとの大切さ」に関連して以下の2つを取り上げている。

① 「2地域居住」への志向の高まり
② 子どもの出生時から成人するまでの公的負担の大きさ

①については，年間で一定の中長期，あるいは定期的・反復的に農山村漁村等に居住する「2地域居住」を実際に行っていたり，行いたいと考えている人が相当数存在する事実があることが指摘される。特に東京圏に居住する人々のうち3割以上が他の圏域が出生地であり，全人口の6割が2つ以上の都道府県に居住した経験があるという事実が指摘されている。

②については，同報告書では子どもが出生してから18歳時までの間に教育・福祉・医療等の費用として，1人当たり平均して約1,600万円の公的負担が行われているという事実を挙げている。

これらの点に鑑み，納税者の意思により，個人住民税を一定金額の範囲内で選択した地方団体に納税するという，地方団体間での税の分割制度が検討された。ふるさと納税研究会報告書において，「「税を分割する可能性」として，受益と負担，課税権，租税の強制性，および住民間の公平性の観点から検討が行われたが，「ふるさと納税」については，「税」を分割する方式は，とり得ないと考えられる」と結論付けて，地方団体に対して行われた寄付金に対して税額控除する方式に落ち着いた。

その背景にある考え方は以下の通りである。

(1) 受益と負担については，受益関係がなければ，課税権を法的に根拠付けることはできない。

(2) 課税権については，条例の及ぶ範囲と関係からも，住所地以外の地方団体に住民税の課税権を認めることはできない。
(3) 租税の強制制については，租税の強制制の観点から，納付先の選択を可能とする仕組みは，「税」とは相容れない。
(4) 住民の公平性については，政策の合理性および措置の有効性を勘案した公平性の侵害の程度が一定の範囲に留まるならば，寄付金を通じた地方団体間の資金の移転は許容される。

　「ふるさと納税」制度による寄付額の税額控除の対象となる「ふるさと」となる地方団体については，何らかの条件を付けず，納税者が「ふるさと」であると考える地方団体をすべて対象とすることとしている。これは，複数の民間機関による一般の人々のふるさと意識やふるさとの定義に関する調査では，「自分が育った場所」や「生まれた場所」と並んで，「自分がふるさとだと思える場所」を挙げるケースが多かったことによるものである。

3　ふるさと納税制度の問題点

　次に，以上のような「ふるさと納税制度」が，どのような問題点をもっているかについて考察しよう。「ふるさと納税」制度に関して指摘される主な問題点として以下の5つがあげられる。

(1) この制度が，地方税の満たすべき性質としての，**応益原則**や**負担分任原則**に抵触すること。
(2) この制度が地方交付税特別会計の財源不足を増大させること。
(3) 寄付を求めての**返礼品競争**を激化させること。
(4) 負担を伴わない「寄付」は寄付の理念に反すること。
(5) 地方団体への寄付と，地方団体以外の団体への寄付との間で不平等性が著しいこと。

3.1 望ましい地方税のための原則に抵触

「ふるさと納税」制度の第1の問題点として，それが望ましい地方税のための原則としての応益原則や負担分任原則に反することが挙げられる。応益原則とは，政府（地方団体）の提供する公共サービスの受益に応じて租税を負担することが公平であるとする租税原則である。また負担分任原則とは，地域社会のすべての住民が，地方政府の提供するサービスの費用負担を，地域社会の会費としての地方税として等しく分担し合うべきであるという原則である。

「ふるさと納税」制度では，寄付者が居住地以外の地方団体に寄付をすることによって，寄付者の実質的な地方税負担が地方団体から享受する地方公共サービスの便益と対応しなくなる。このため寄付を行った者と他の納税者の地方税負担額が乖離するために，応益性の原則と負担分任原則が満たされなくなる[5]。

アメリカの経済学者ティブーによれば，住民はそれぞれの地方政府（地方団体）が提供する地方公共サービスと一人当たり地方税とのパッケージを比較して，自分の最も選好するパッケージを提供する地方政府に移動することを通じて，地方公共財に対する選好を表明する（Tiebout [1956]）。そしてこうした住民の移動の結果，各地方団体の行政区域には同質的な住民が集まることによって，パレート効率的な資源配分が実現する。

これがいわゆる「**足による投票**」である。「ふるさと納税」制度によって，住民が居住地の地方団体に支払う地方税水準と居住地の地方団体が提供する地方公共サービスとが対応しなくなることによって，「足による投票」のメカニズムが機能しなくなり，資源配分の効率性が損なわれることになる。

---

[5] 望ましい地方税のためのその他の原則には，安定性の原則，普遍性の原則，自主性の原則がある。神野・小西[2010]の第4章を参照のこと。

3.2 地方交付税特別会計の財源不足を増大

「ふるさと納税」制度において，ふるさとに当たる地方団体が受領した寄付金と，住所地において控除される住民税の**地方交付税**上の取り扱いについては，以下の2点のように整理されている。

(1) 寄付受領団体においては，**基準財政収入額**に，寄付金は算入されることはない。したがって，寄付金を受けた分，交付税が減少することはなく，寄付金額全額が地方団体の収入増となる。
(2) 住所地の地方団体においては，基準財政収入額が，住民税の減少分の75％だけ減少する。このことから，交付団体については，住民税の減少分のうち75％分は，交付税が増加することにより補われるが，残りの25％分（**留保財源分**）は当該地方団体の収入減となる。

こうして「ふるさと納税」制度においては，住所地の地方団体の財政収入が寄付金額の25％分だけ減額してしまうという問題が存在するが，それ以外に，「ふるさと納税」制度には，地方団体の財政収入に関して以下のような問題が存在することになる。

すなわち，寄付金の受領団体では寄付金収入が基準財政収入額に算入されることはなく，地方交付税収が減額されない。一方，寄付者の居住する地方団体においては，住民税の減少分の75％分の地方交付税が増加することから，地方団体全体では寄付を行った者の住所地の地方団体の税収の減少額の75％分だけの地方交付税の交付必要額が増大する。それにより地方交付税の法定率が引き上げられないかぎり，地方交付税財源の不足が一層深刻化する結果を招くのである。

わが国では1990年代初頭のバブル崩壊以降の経済の低迷による国税税収が低下したことから地方交付税の財源不足状態が続いてきた。このため1994年度から，それまで1984年以来停止してきた地方交付税特別会計からの借入れが復活した。2001年度からは地方交付税特別会計の借入れに代わって，経常

的経費についての地方団体の財源不足に対応するために，地方財政法の特例として，**臨時財政対策債**が発行されている。「ふるさと納税」制度は，こうした地方交付税特別会計の財源不足の問題をより深刻化させるものといえる。

3.3 寄付を求めての返礼品競争の激化

「ふるさと納税」制度の第3の問題点は，この制度が各地方団体に対して，他地域の住民からより多くの寄付を得るために，時に過剰な**返礼品競争**を展開させることである。

「ふるさと納税」制度では，地方団体に寄付を行うことによって，寄付者の自己負担はわずか2,000円で，寄付金額の大半が税額控除で戻ってくる。また「ふるさと」として寄付を行う地方団体には何の条件も置かれていないため，寄付の見返りとしてより魅力的な返礼品を提供できる地方団体が，より多くの寄付を集める結果となる。このため各地方団体は，寄付を求めて返礼品競争を過熱化させることになる。

実際に一部の地方団体では，高額な商品や不動産，有価証券などを寄付者への返礼として贈呈するケースも見られた。例えば長野県飯山市では，2015年1月から，市内の工場で製造したタブレット型パソコンやノートパソコンを返礼品に取りそろえた。人気があったのは4万円以上5万円未満の寄付で受け取ることのできる8インチ液晶のタブレットパソコン（販売価格24,000円程度）である。また，石川県加賀市では2015年2月からDVD販売やレンタルを手掛けるDMM.com（東京都渋谷区）で使用することのできる電子マネーを返礼品に加えた。寄付額の50％が還元されるもので，当初2015年3月末までとしていたが，3月4日に急遽中止された（清水［2015］）。

こうした事態を背景に，2014年12月30日に決定された与党税制改正大綱では，地方団体がふるさと納税の募集等を行う場合には，地方団体がこの制度の趣旨に適った適切な事務を行うように地方団体に要請すべきことが明記された。これを受けて総務省は，各地方団体に対して寄付の募集に際して以下のような自粛を要請している[6]。

① 返礼品の価格を表示したり，寄付額の何％相当の返礼品の提供を表示したりするなど，返礼品の送付が対価の提供であるとの誤解を招きかねない表示で寄付の募集をすること。
② 換金性の高いプリペイドカードや高額あるいは寄付額に対して返礼割合の高い返礼品を提供すること。

　また地方税法の年度改正法が成立し，特例控除額の限度額の引き上げが施行された2015年4月1日に，同様の趣旨で総務大臣通知を行っている[7]。

　総務省が地方団体に対してこうした要請や通知を行わざるを得なかったことは，寄付を得るために，地方団体間でいかに激しい返礼品競争が展開されてきたかを物語っている。こうした通達によって，極端に高額な返礼品の提供には一定程度の歯止めがかけられるであろうが，返礼品でより多くの寄付を得ようとする地方団体間の競争は，今後も活発に行われるであろう。

3.4　負担を伴わない「寄付」は寄付の理念に反する

　以上で述べてきたように，「ふるさと納税」制度の下では，寄付を行った個人にとって，実質2,000円の負担によって，寄付を行った先の地方団体からそれを上回る返礼品の贈答を受けることによって，実質的な受益を得ることができる。このような負担を伴わない「寄付」は，寄付の名に値するものではない。現行の「ふるさと納税」制度は，わが国に寄付文化を根付かせるために資するというよりは，むしろそれを妨げるものでしかないといえよう。

3.5　地方団体への寄付とその他の団体への寄付との間での不平等

　「ふるさと納税」制度を通じた地方団体への寄付は，公益法人やNPO法人などの一般の団体に対する寄付に比較して，所得税・住民税の控除におい

6　「平成27年度地方税改正・地方税務執行行政の運営に当たっての留意事項について」（平成27年1月23日付事務連絡）。
7　総務大臣通知「地方税法，同施行令，同施行規則の改正等について」（平成27年4月1日付総税企39号）。

て格段に有利な取り扱いを受けている。地方団体への寄付（ふるさと納税）の場合には，所得税の控除と住民税の基本控除，特例控除を組み合わせることによって，住民税については所得割額の20％を限度として，寄付額から2,000円を減じた金額の税額控除を受けることができる。

　これに対して地方団体以外の団体に対する寄付の場合には，住所地の都道府県共同募金会に対する寄付，住所地の日本赤十字支部に対する寄付，ならびに都道府県・市区町村が条例で指定する寄付については所得税と住民税の双方からの税の控除を受けることができるが，それ以外の寄付では，所得税からの控除しか受けることができない。

　さらにこれらの団体に対する寄付の住民税からの控除も特例控除は適用されず，控除額は（寄付額－2,000円）×10％に留まる。所得税の控除も，認定NPO法人や公益法人等に対する寄付については，（寄付額－2,000円）に40％を乗じた金額の税額控除を受けることができるが，（寄付額－2,000円）の全額が控除される「ふるさと納税」に比較してはるかに不利な扱いを受けている。

　このため地方団体に対する寄付金に比較して税の控除の面で不利な扱いを受ける公益法人やNPO法人，学校法人等が寄付を集めることが困難になる。住所地の都道府県共同募金会に対する寄付金が1990年度から，住所地の日本赤十字支部に対する寄付金が1993年度から，それぞれ個人住民税の寄付金税額控除の対象に加えられた。また独立行政法人や公益社団法人，公益財団法人，私立学校法人等の特定公益推進法人，NPO法人に対する寄付金のうちで都道府県・市区町村が条例で指定する寄付金については，2009年度から個人住民税の寄付金税額控除の対象に加えられた。

　こうした寄付金税額控除の対象の拡大は，欧米諸外国に比して伸び悩んできた個人からの寄付金の提供を拡大することを意図したものであろう。しかし，「ふるさと納税」制度の創設とその拡大は，こうした国民の善意による寄付の拡大に水を差すものといえよう。

4 「ふるさと納税」制度による受益と負担

　「ふるさと納税」制度においては，寄付者は税の控除が行われることによって，実質的な負担は2,000円だけとなるが，多くの場合この負担額を上回る価値の返礼品の贈呈を受けることによって，実質的な受益を得る。また，寄付を受ける地方団体も，一般に返礼品の費用と事務コストを上回る寄付を得ることによって，受益を得る。

　これに対して寄付者の居住する地方団体は，寄付をした個人に対して個人住民税が控除されることによって，また国も，それらの地方団体に対する地方交付税支出が増えることから負担を負うことになる。

　三角［2015］は仮説例に基づいて，「寄付金税制」による寄付が行われた場合の，寄付1件当たりの寄付者本人，寄付者の居住する地方団体，寄付先の地方団体および国の各当事者にとっての受益と負担を具体的に求めている。そこでは，寄付1件当たりの受益または負担が求められているが，各当事者グループにとっての受益または負担が全体でどのような金額となるのかを明らかにし，また受益の総額から負担の総額を差し引いた純受益額がいくらとなるのかを考察するために，各当事者グループにとっての総額としての受益または負担の金額について算出してみよう。ここでは，各当事者にとっての受益または負担の総額について，仮定に基づいて算出してみよう。

　図表11-2によれば，2015年度（4月～9月）における「ふるさと納税」による寄付は，227万4,893件，453億5,500万円であった。仮にこれらがすべて「ワンストップ特例制度」を利用して行われたものとして，寄付者，寄付者の居住する地方団体，寄付先の地方団体，国の4つの当事者グループ間の受益または負担の総額を算出してみよう。

　2015年の実績から，ふるさと納税の1件当たりの寄付額は，19,937円であった。仮に，寄付先の地方団体にとって寄付1件当たり2,000円の事務コストを負担して，すべての寄付者に対して6,000円の返礼を行ったものとして，各当事者グループにとっての受益または負担の金額を求めよう。

(1) 寄付者グループにとっての受益または負担

　寄付者1人当たり19,937円の寄付が行われ，個人住民税の控除により実質的な負担は適用下限額の2,000円であるが，これに寄付先の地方団体から6,000円相当の返礼を受けることによって，6,000円－2,000円＝4,000円の受益となる。これに寄付件数227万4,893件を乗ずることにより，寄付者全体では，4,000円×227万4,893＝90億9,957万円の受益を得る。

(2) 寄付者の居住する地方団体にとっての受益または負担

　寄付者が「ワンストップ特例制度」を利用して寄付を行った場合には，所得税からの税の控除は行われず，控除はすべて寄付者が居住する地方団体の個人住民税から行われる。寄付者の居住する地方団体にとっては，寄付額19,937円から適用下限額2,000円を減じた17,937円の減収となるが，この75％の13,453円は地方交付税によって補填されるため，寄付1件当たりの実質的な負担額は4,484円となる。これに寄付件数227万4,893件を乗ずることにより，寄付者の居住する地方団体全体では，4,484円×227万4,893＝102億62万円の負担を行うことになる。

(3) 寄付先の地方団体にとっての受益または負担

　寄付先の地方団体は，寄付額19,937円に対して，6,000円相当の返礼品の費用と，事務コスト2,000円を負担するから，寄付1件当たり19,937円－6,000円－2,000円＝11,937円の受益を得る。これに寄付件数227万4,893件を乗ずることにより，寄付先の地方団体全体では，11,937円×227万4,893＝271億5,540万円の受益を得ることになる。

(4) 国にとっての受益または負担

　国は寄付1件当たり，寄付者の居住する地方団体の税収減による地方交付税の増加分13,453円の負担を負うこととなる。これに寄付件数227万4,893件を乗ずることにより，国は13,453円×227万4,893＝306億414万円の負担を負うことになる。

(5) 各主体の得る受益と負担

　以上により，寄付者，寄付者の居住する地方団体，寄付先の地方団体，国の4つの当事者グループは，以下のような受益または負担を受けることが確認された。寄付者および寄付先の地方団体は，それぞれ90億9,957万円，271億5,540万円の受益を得る。また寄付者の居住する地方団体と国は，それぞれ102億62万円，306億414万円の負担を負う。

　図表11-3は各主体グループ別の受益額と負担額を示したものである。受益を得るグループを見ると，寄付先の地方団体が寄付者本人の約3倍の受益を得ていることが確認される。一方，負担を被るグループを見ると，国が寄付者の居住する地方団体の約3倍の負担を被っていることが分かる。

　それぞれの主体の受益の合計額から負担の合計額を差し引いて，受益の純額を求めると45億4,979万円のマイナスとなるが，これは寄付先の地方団体が負担する寄付1件当たりの事務コスト2,000円に寄付件数227万4,893件を乗じた値に等しい。

▶図表11-3　「ふるさと納税」制度による各主体別受益と負担の総額（単位：万円）

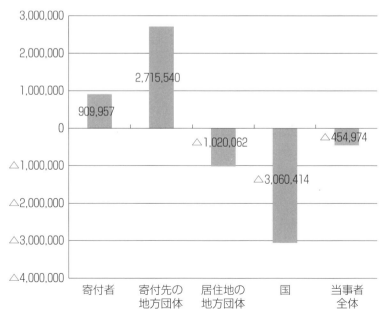

▶ 図表11-4 「ふるさと納税」制度の寄付に伴う主体間の受益と負担

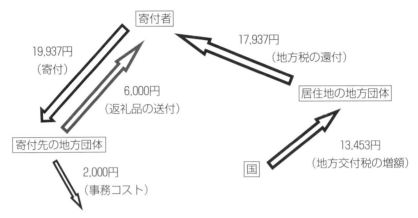

これは次のように説明することができる。図表11-4は，ここで仮定した19,937円の寄付1件当たりの寄付者，寄付者の居住する地方団体，寄付先の地方団体，および国の4つの当事者が得る受益と負担の流れを示したものである。この図に示されるように，寄付先の地方団体にとっての事務コストの負担2,000円以外のいずれの受益（負担）も，他の当事者にとっての負担（受益）となる主体間の所得の移転であり，経済全体においては相殺される。したがって，受益と負担を合計した純受益は，事務コストの合計額に等しいマイナスとなるのである[8]。

5 寄付金税制のあるべき姿

現行の「ふるさと納税」制度には，改善すべき多くの問題が存在する。そしてこの制度は，寄付者の居住する地方団体の寄付者以外の住民と，国庫のしたがって一般納税者の負担によって，寄付者個人と寄付を受ける地方団体

---

[8] ここでは各当事者間での資金の流れのみを考慮しているために，社会全体では事務コストの総額に等しい負担が生ずることになる。もちろん，「ふるさと納税」制度にはこの他に，寄付文化を醸成する便益や，地方団体以外の公益法人等に対する寄付に対して不平等性を持つなどのコストが考えられるが，これらを数値化することは困難である。

に利益をもたらす仕組みとなっている。

　このような問題を抱える「ふるさと納税」制度であるが，この制度によって，一般の人々の寄付に対する関心を高め，また地方団体に地域の魅力を高めるための努力を促し，住民以外の人々への情報発信を促進させる効果が生まれたことは確かである。したがって，現行の「ふるさと納税」制度において以下のような修正を行うことによって，「ふるさと納税」制度を望ましい寄付税制の姿に近づけていくことが望ましいであろう。

① 税の控除と返礼品の提供によって，寄付者に純収益をもたらす仕組みを改め，一定額以上の価値の返礼品の提供を規制する。
② 社会福祉法人や公益社団法人，学校法人など，地方団体以外の団体に対する寄付に対して，地方団体に対する寄付が税の控除の面で極端に優遇されている現行制度を改め，両者に対する税の控除の面で平等な扱いに改める。
③ 寄付による所得税の控除に比較して過大な居住地の住民税からの控除，特に個人住民税の特例控除の規模を縮小する。

　「ふるさと納税」制度が過剰な返礼品競争を促し，寄付者の居住する地方団体と国庫の財政の負担で，寄付当事者と寄付先の地方団体に利益をもたらしている現行制度を改め，寄付文化を根付かせるための制度を創造することが求められている。

（水田　健一）

参考文献

- 清水崇史［2015］「スペシャルレポート　地域創生に経営の視点　ふるさと納税が問う自治体の"知"」『日経ビジネス』1883号，54-58頁。
- 神野直彦・小西砂千夫［2010］『日本の地方財政』有斐閣。
- 総務省［2015］「ふるさと納税に関する現況結果について」総務省自治税務局市町村税課。

- ふるさと納税研究会［2007］「ふるさと納税研究会報告書」。
- 三角政勝［2015］「自己負担なき「寄付」の在り方が問われる「ふるさと納税」―寄付金税制を利用した自治体支援の現状と課題―」『立法と調査』（参議院常任委員会調査室）371号，59-73頁。
- 山本倫彦［2015］「地方税法の一部改正（ふるさと納税制度の拡充関係）について」『地方自治』（地方自治制度研究会）812号，41-62頁。
- Tiebout, C. M. [1956], A pure theory of local expenditures. *Journal of Political Economy*, Vol.64, 416-424.

第12章

産学官連携
―商品開発を通した地域活性化―

1 地域ブランド化と連携の重要性

　近年，地域活性化の施策として，地域ブランドを構築する，**地域ブランド化**の試みが全国各地で活発に行われている。

　経済産業省［2004］は，この地域ブランド化を「(I)地域発の商品・サービスのブランド化と(II)地域イメージのブランド化を結びつけ，好循環を生み出し，地域外の資金・人材を呼び込むという持続的な地域経済の活性化を図ること」と定義している（図表12-1）。つまり，地域発の商品・サービスが単に売れるというだけでなく，それが地域のイメージと有機的に結びつき，面的な広がりをもたらすことで持続的な地域活性化につながり，それによって，地域ブランドが確立されて行くということである。

　この地域ブランド化のきっかけとなる商品開発に関しては，現在の国の施策において，例えば経済産業省の『ふるさと名物応援事業補助金』という支

▶図表12-1　地域ブランド化の概念図

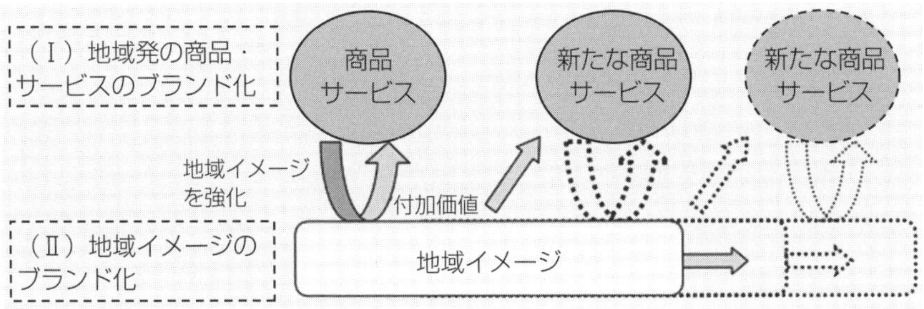

出所：経済産業省［2004］17頁。

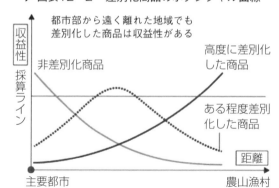

▶図表12-2　差別化商品のポテンシャル曲線

注：藤田昌久・経済産業研究所所長の研究（差別化商品のポテンシャル曲線）を基に作成。
出所：日本経済新聞［2015］28面。

援制度がある。これは，**地方創生**を重点政策の1つとして掲げる第2次安倍改造内閣において新設されたものであり，地方創生とリンクして，国が地域ブランド化を積極的に推進する試みの1つである。

　地域のブランド化には，他地域との差別化が欠かせないが，特に差別化に成功した地域発の商品・サービスは，その後，一定の市場支配力を獲得することから高い収益を期待することができる。例えば，㈳経済産業研究所長の藤田昌久氏は次のように述べている[1]。

　「経済学では差別化した商品は，作れば作るほど利益が出る**『規模の経済』**が働くと考えます。人口の少ない農山漁村でも差別化商品は都市の需要を取り込み，収益性が上がります（図表12-2）。都市で消費する場合は輸送費，道の駅の場合は訪問客の移動費がかかりますが，価格が多少上がっても需要が確保できます。旅行ついでに立ち寄る人は移動費をほぼ無視でき需要拡大が見込め，地元消費者も同様に経済的メリットが大きい。」

　その一方で，「地域資源を活用した魅力ある商品を開発することは容易なことではない。地域資源の多くは，決して生産量が多いものばかりではなく，大量に安定供給することが難しい場合もある。特定の地域しか存在しないと

1　「道の駅，なぜにぎわう？地元密着型が繁盛」『日本経済新聞』2015年1月27日朝刊。

いう希少性が付加価値となる一方で，そうした資源を活用した加工品は，製造原価が高くなる傾向にあり，販売価格も高くなり消費者に受け入れられにくい」（中小企業基盤整備機構［2013］31頁）という指摘もある。

これらをまとめると，高度に差別化した商品は高い収益性を見込める一方で，その開発をするのは簡単ではない，ということになる。しかしながら，地域ブランド化のためには，消費者の感性や心理に訴えかけるようなオリジナル性があり，十分な収益を上げられるような販売力のある，差別化された商品開発が必要である。そこで，これを実現するための方策の1つとして，地域の農林漁業者と商工業者などとの**農工商連携**や**6次産業化**，大学や自治体なども絡んだ**産学官連携**など，**多様な主体による協働**による連携によって解決しようという考えが出てくることになる（後久［2011］）。

多様な主体が連携することは，そこから生み出される波及効果も期待されるため，お互いがWin-Winの関係となり，機能するような連携を構築していくことが重要になってくる（中小企業基盤整備機構［2013］）。そのためには，商品開発を通した地域のブランド化に関する共通の認識や理解が必要であり，それを導く人や組織の存在も必要となってくる。そうした役割を果たす存在として，大学が注目されている（浦野［2014］）。

大学や自治体が絡んだ産学官連携における，地域ブランド化するための商品開発には大きく分けて2つのアプローチがある。1つは，大学の特定の「シーズ」を活用し，技術面で貢献する理系主体の産学官連携であり，もう1つは，大学の「人」を活用するマーケティングやマネージメント的な要素が濃い文系主体の産学官連携である。このことを浦野［2014］は，和田［2002］が分類したブランドの価値構造の概念を使い，前者は製品の実体的な機能的属性に由来する価値に，後者は製品の五感に関わる属性やイメージなどから得られる価値に，それぞれが関わっているとした。その上で，浦野［2014］は，文系の産学官連携の果たす役割が今後の地域活性化に大きな影響をもたらす可能性を示唆している。

本章では，群馬県利根郡川場村（以下，「川場村」とする）の川場村産コシヒカリ「雪ほたか」を中心とした地域ブランド化の取組みを取り上げる。

そして，その一環として行われた川場村と㈱旅がらす本舗清月堂，共愛学園前橋国際大学の繭美蚕（まゆみさん）の3者を主体とした文系の産学官連携による商品開発の事例が，川場村の地域ブランド化の一助になったことを紹介する[2]。

2 川場村の地域活性化の取組み

2.1 川場村と田園プラザ

　川場村は，群馬県の北部の武尊山の南麓にあり，村の総面積が$85.25km^2$，人口が3,387人（2016年4月30日時点）の沼田市や利根郡みなかみ町などと隣接する村である。山間部に位置するため，総面積の88％が森林（うち55％が国有林）で占められており，耕地はわずか7％しかない。

　その川場村は，1975年から「農業プラス観光」を旗印に村づくりを行ってきた[3]。その集大成の事業として，1989年に出てきたのが，田園プラザ構想である。この事業は，川場村の地場産品の振興および新規開発を担うとともに，川場村の商業・情報・ふれあいの核であるタウンサイトの形成の場として機能させることを目的とされた。田園プラザ川場（以下，「田園プラザ」とする）は，1993年に事業が着手され，翌年のミルク工房のオープンから順次整備が進み，1998年にグランドオープンした。初期投資額は，現在の川場村の予算に匹敵する31億円であり，約5ヘクタール（現在は6ヘクタール）の規模の施設である（小海［2015］）。

　田園プラザは，1996年に道の駅としても登録され，関東「道の駅」連絡会が実施したスタンプラリーアンケート「関東『好きな道の駅』ベスト20」では，2002年に3位，2003年に2位，2004年からは5年連続で1位となった。

---

[2]　繭美蚕とは，2005年6月に筆者の課題演習の学生により設立された仮想企業であり，後輩たちに受け継がれながら現在も活動している。繭美蚕の活動や商品開発の内容については，兼本［2011, 2014, 2015］に詳しい。
[3]　河藤［2015］は，この点に注目し，川場村の近年の取組みをまとめている。

また，「家族で一日楽しめる道の駅」でも東日本1位，ポイント数では全国1位になるなどしている[4]。

このことは，入り込み数に反映された。入り込み数はグランドオープンした1998年度は40万人であったが，徐々に増加し，2002年度に50万人を突破すると，2007年度には60万人を超え，2010年度には97万人と100万人目前となった。その一方で，直営部門の売上高は，グランドオープン時から10年間は平均5億円前後の水準で伸び悩んでいた。2007年に現在の永井彰一社長が就任すると，その経営手腕により，売上高は順調に伸びだし，2010年度には約8億6千万円とグランドオープン時の2倍となった。田園プラザは川場村の「農業プラス観光」を実現し，地域活性化を後押しする場としての機能を発揮し始めたのである。

2.2 「雪ほたか」のブランド化

川場村は，**平成の大合併**の際に，合併でなく自立の道を選ぶことにする。そこで，関清村長（当時）が手掛けたのが，一般にはほとんど流通していないが，古くから皇室が新嘗祭で使用する献上米に選ばれていた川場村産コシヒカリのブランド化であった。2004年，川場村はこのブランド化のための名称を公募し，翌年，「雪ほたか」と名付けられる。これに伴い，川場村雪ほたか生産組合が設立され，その事務局には村役場の職員が務めるだけでなく，集荷・精米・配達までのすべての作業も村役場の職員が行っていた。このように，「雪ほたか」のブランド化は村役場主導で始まったのである[5]。

川場村は「雪ほたか」をブランド化するための売値を1俵30,000円と設定していた。しかしながら，都内の米穀小売商組合で最初に提示された価格は1俵12,000円という破格の安さだった。ブランド化のための売値としては，1俵25,000円は譲れないとし，村役場の職員が必死に営業し，何とか完売に

---

4 「何でもランキング：家族で一日楽しめる道の駅」『日本経済新聞』2011年8月20日朝刊，NIKKEIプラス1。
5 「「雪ほたか」ブランド化：強みは協力できる関係」『上毛新聞』2015年7月21日朝刊。

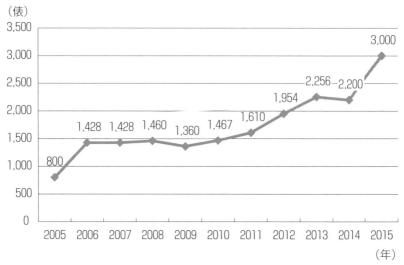

▶図表12-3 雪ほたかの出荷量の推移

出所：㈱雪ほたか提供資料をもとに筆者作成。

こぎつけたのは，次の稲刈りが始まる頃であったという[6]。

　この状況を受け，ブランド化のために挑戦したのが各種の米のコンクールである。2006年に『お米日本一コンテスト in 2006』で優良賞を受賞したことを皮切りに，2007年からは『米・食味分析鑑定コンクール：国際大会』の総合部門で連続金賞，この他の部門でも多数入賞し，「雪ほたか」のブランド化は着実に進んでいった[7]。

　それは，出荷量にも見ることができる（図表12-3）。2005年に，川場村雪ほたか生産組合が設立されたときの「雪ほたか」の出荷量は800俵であった。その翌年から2011年までは1,450俵前後で推移しており，安定的に供給されていることがわかる。

---

[6] 「毛の国よ【第１部】川場村の挑戦５ブランド化（上）地域経済のけん引役」『上毛新聞』2011年11月26日朝刊，および「毛の国よ【第１部】川場村の挑戦６ブランド化（下）消費者と向き合う」『上毛新聞』2011年11月29日朝刊。
[7] 米・食味鑑定士協会が主催し，1999年より開催されている新米の食味鑑定による国際コンクールである。国内最大級のコメの品評会であり，現在国内で最も権威のある大会と言われている。

2011年，川場村は，川場村雪ほたか生産組合を法人化させ，㈱雪ほたかを設立させた。農地保全や後継者育成等の役割を担う組織として期待されるとともに，**環太平洋パートナーシップ（TPP）協定**の行方をにらみ，「雪ほたか」のブランド化をさらに進めるねらいもあった。なぜなら，協定が締結されれば，ブランド米のような差別化されたお米しか生き残れない，と予想されていたからである。

3　産学官連携の商品開発

3.1　「雪ほたか」のさらなるブランド化を目指して

「雪ほたか」のブランド化が着実に進んでいた2010年9月，当時の川場村観光特使である細矢和男氏から㈱旅がらす本舗清月堂に，「お土産となるようなお菓子を通して，川場村の地域活性化を目指したい」という依頼が入る。これを受け，翌10月には，川場村と㈱旅がらす本舗清月堂は，農商工連携で商品開発を進めることで一致する。川場村は本来「官」であるが，ここまで見たように「農」の部分を担っており，㈱旅がらす本舗清月堂は製造と販売の「商工」の部分をしていることから，この取組みは農商工連携という形ということができる。

11月末，㈱旅がらす本舗清月堂と繭美蚕が新しい商品開発の検討に入った際，㈱旅がらす本舗清月堂から提案された案の1つに，この川場村の「雪ほたか」の米粉を使った商品開発があった。12月に入り，この商品開発の提案を受け入れた繭美蚕は，㈱旅がらす本舗清月堂とともに川場村への現地調査を行い，新商品の検討を開始した。それと同時期に，㈱旅がらす本舗清月堂は，今回の商品開発を繭美蚕とともに行うことを川場村に提案し，承諾を受けることになる。これにより，農商工連携という枠組みに，産学官連携という要素が加わることとなった。

2011年2月，川場村は田園整備課に6次産業推進室（現・6次産業振興室）を設置する。関清村長は，川場村の地域ブランド化を牽引する「雪ほた

▶ 図表12-4　農商工連携から産学官連携へ

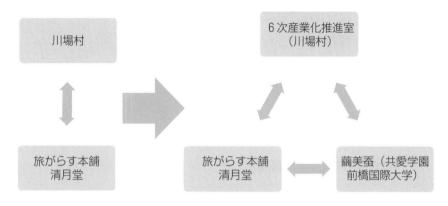

か」に続く商品開発のためには、専属の担当部署が必要と考え、石川県羽咋市の**1.5次産業**振興室をヒントに6次産業推進室を作ったのである[8]。スタッフには群馬県庁からの出向者も含まれており、これまでの川場村の取組みの継承とともに、6次産業化に力を入れ、さらなる地域活性化を目指すとしていた。これにより、川場村と㈱旅がらす本舗清月堂、繭美蚕の共同開発も、この6次産業化推進室の取組みの1つとして位置付けられることになる（図表12-4）。

これを受け、2011年3月、川場村と㈱旅がらす本舗清月堂、㈻共愛学園は、川場村の地域活性化を目指すお菓子の開発を使命とした三者共同開発契約を結ぶ。これによって、川場村から「雪ほたか」を安定的に供給してもらえる目処が立った。開発期限は、7月から行われる『群馬ディスティネーションキャンペーン』および11月に川場村で開催される『米・食味分析鑑定コンクール国際大会』までとされた。つまり、このような大きなイベントまでに完成させ、開発した商品をPRできる機会を確保しようとする狙いがあったのである。

開発内容には、川場村の特産品を使用し、自然豊かな川場村をアピールす

---

[8] 1.5次産業とは、1次産業である農林水産業の生産品を加工し、付加価値をつけて高度化することをいう。6次産業化と概念はほぼ同じであるが、6次産業化の方が、1次産業の生産者の経営改善に重きを置き、業種の範囲がより広いという特徴がある（貞清［2011］）。

るお菓子を開発すること，と記載された。これには，川場村からの「川場村を代表するようなお土産になるようなお菓子が欲しい」という要望が反映されている。川場村には，既に看板商品の「のむヨーグルト」や川場村の農作物加工品であるジュースやジャムなど，様々な商品が存在していた。また，「雪ほたか」の米粉を使った商品としても，パティスリーシャンティーの「米粉クッキー」や田園プラザのパン工房の「雪ほたかやき」「米粉パン」などもあった。しかしながら，川場村に旅行に来た観光客が「川場村のお土産」として買っていくようなお菓子はほとんどなかったのである。

3.2 「雪ぽんクランチ」の開発

当初の商品アイディアでは「雪ほたか」の米粉を使うことを考えていた。お菓子としての使い方の王道であり，「雪ほたか」の価格から考えるとコストの面からも効率的であったからである。しかしながら，米粉を使ったいくつかの商品案を試作したが，あまり良いできばえのものはなかった。その一方で，「雪ほたか」をポン菓子にしたものを使うという商品案もかなり早くから出されていたが，こちらは試作さえもうまくいっていなかった。

商品案に行き詰った感が出た2011年3月，㈱旅がらす本舗清月堂と繭美蚕は，商品案のヒントを得ようと，原点に返るべく，川場村を訪問し，村役場の担当者と意見交換をすることとなる。そこで，川場村からは，「雪ほたか」と特産品の果物をPRしたいという要望が出る。また，㈱旅がらす本舗清月堂と繭美蚕は，既存の商品とは差別化が図られ，かつ「雪ほたか」のブランドイメージを崩さないような商品が必要であることを実感する。ところが，その数日後に東日本大震災が起こり，活動は約1カ月間，余儀なく中断されることとなる。

活動再開後は，川場村を訪問した際に得たヒントをもとに，「雪ほたか」をポン菓子にし，地元特産品でもあるりんごやブルーベリーを様々な形で入れ，クーベルチュールのホワイトチョコレートでコーティングしたものを中心に試作を繰り返していった。これは，商品コンセプトの「川場村の特産品を使った特色のあるお菓子（お土産）」と「雪ほたか」の高級感を強く意識

した結果である。

　商品の形も，試作で使用していたハート型に加え，「雪ほたか」から連想されるお米の粒型やおにぎり型などが候補としてあがった。開発途中では，おにぎり型に一度，決定されるが，ハート型の方がターゲットとした20〜40代の女性の層に合っていることや川場村から「まごころをこめ（米）て届けます」というメッセージ性を出せるということで，最終的にはハート型に変更された。

　パッケージや個包装に関しても，川場村から「雪ほたか」のブランドイメージが崩れない高級感をもたせることを要望された。そこで，川場村の冬を連想させる景色と日本女性の清楚な美しさをイメージし，白を基調とした和風テイストのデザインとなった[9]。

　こうして完成したのが，「雪ぽんクランチ」であり，6次産業推進室としての成果の第1弾となったのである。

3.3　話題性と学生の強みを活かす

　「雪ほたか」のブランド化や川場村の地域活性化の一助となるためには，開発した「雪ぽんクランチ」が定番商品となり，売れ続けることが必要である。そこで，まずはマスコミに取り上げてもらうべく，繭美蚕と6次産業推進室を中心に，記者会見と販売開始イベントを学生主体で行うことを企画し，プレスリリースを配信した。

　ブランド米である「雪ほたか」を使い，それを「旅がらす」で有名な群馬の老舗菓子製造販売業の㈱旅がらす本舗清月堂の技術と，これまで数々の商品を開発してきた繭美蚕の学生のアイディアの産学官連携で完成させた「雪ぽんクランチ」は，それだけで十分な話題性があった。その結果，記者会見前に既に数紙で記事になり，記者会見後は，さらに多くのマスコミで取り上げられるだけでなく，インターネット上でも数多くの紹介記事が配信された。

9　その後,「雪ぽんクランチ」のパッケージは，2011年度の『グッドデザインぐんま』に選定されている。

次に，繭美蚕は，これまでは商品を開発してもほとんど行って来なかった販売イベントに積極的に出店するようにした。これまでの開発商品の販売は企業任せというスタイルであったが，それでは「雪ほたか」のブランド化や川場村の地域活性化には貢献できないと考えたからである。

　その結果，繭美蚕は，発売からの約4カ月間で，合計12の県内外のイベントに出店し，「雪ぽんクランチ」を販売した。開発した学生が卒業をした後も後輩たちがそのスタイルを踏襲し，「雪ぽんクランチ」の広告塔としての使命を果たし続けるとともに，「雪ほたか」も同時に販売することでそのブランド化への手助けもしたのである。

　さらに，学生が得意とするインターネットでの情報発信も積極的に行った。ツイッターやホームページ，ブログなどを通し，イベントや「雪ぽんクランチ」に関する情報を出し続けたのである。これは，川場村や㈱旅がらす本舗清月堂があまり得意としている分野ではなく，学生の強みを活かした活動であり，連携したからこそできたことである。

　これらの活動も後輩たちに引き継がれ，結果として，販売当初だけでなく，その後も，「雪ぽんクランチ」はインターネットや雑誌などで群馬県や川場村のお土産として継続的に取り上げてもらえることになる。その背景には「雪ぽんクランチ」が商品としての完成度が高かったことも忘れてはならない。

　それでは，これらのことを売上数の観点から検証してみよう。**図表12－5**は，「雪ぽんクランチ」10個入りの販売開始から1年半の売上箱数である。販売開始から半年で10,000箱を超える好調な滑り出しで，ここまでの総売上箱数は24,140箱となった。これに，繭美蚕が出店したイベントでのバラ売りやギフト用の30個入りの販売数を加えると，売上げは1,500万円以上となる。㈱旅がらす本舗清月堂が想定する定番商品の売上げは年1,000万円であり，「雪ぽんクランチ」はその基準をクリアしている。よって，「雪ぽんクランチ」は定番商品化したと言え，そこにはリピーターの存在があることを物語っている[10]。

　さらに，**図表12－5**で特徴的なのは2012年8月の売上げである。夏場であるにもかかわらず，1,609箱も売れている。「雪ぽんクランチ」はチョコ

▶ 図表12-5　雪ぽんクランチの売上箱数の推移

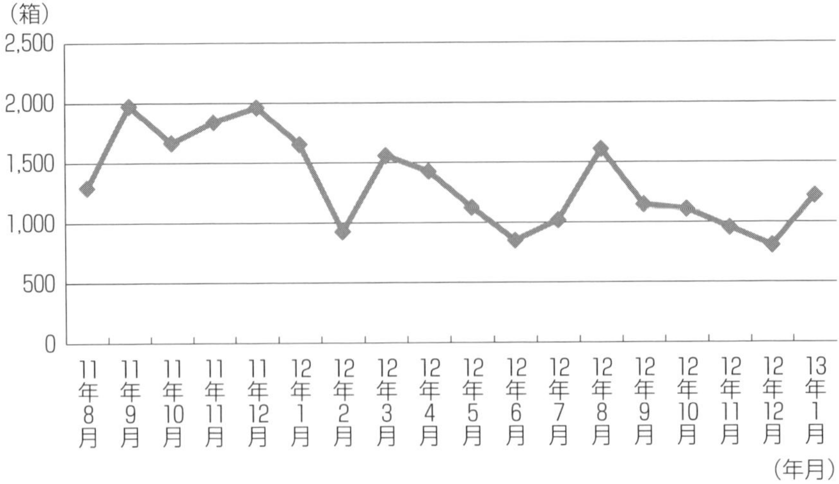

出所：㈱旅がらす本舗清月堂提供資料をもとに筆者作成。

レート菓子であるため，夏場のこの時期には㈱旅がらす本舗清月堂の店舗にはほとんど置かれなかった。このことから，売上げのほとんどが田園プラザなどの川場村の施設であることがわかる。夏休みで遊びに来た観光客が「川場村のお土産」として「雪ぽんクランチ」を購入してくれたのである。

4　川場村によるその後の展開

4.1　「雪ほたか」

2013年，「雪ほたか」は，『米・食味分析鑑定コンクール：国際大会』の総合部門で5年連続金賞を受賞したことにより，『ゴールドプレミアムライスAAA』と認められ，㈱雪ほたかも最高名誉団体として表彰を受けた。

出荷量も，株式会社化を契機に増加傾向に転じ，2013年には2,256俵，

10　その後も堅調な売上げを維持していたが，㈱旅がらす本舗清月堂が㈱ドンレミーの子会社化になったことに伴い，「雪ぽんクランチ」も販売終了となってしまった。最終時点で，㈱旅がらす本舗清月堂の売上げの約8％を占め，2,700万円を超える売上げを記録した。

2015年には3,000俵と，2010年と比べそれぞれ約1.5倍，約2倍となった（図表12-3）。2015年は，収穫が安定したこともあるが，2014年に完成した川場村ライスセンターの稼働の影響も大きいという。価格の面でも，ブランド化を目指したときの目標であった1俵30,000円の水準にはまだ到達していないが，ここ10年ほぼ同水準で来ており，高いブランド力を保っていると言える。

2015年にはアメリカのロサンゼルスに進出し，「雪ほたか」のおにぎりを提供する『かわばんち』の支店『KAWABA RICE BALL』をオープンさせた。これは，TPP協定の締結をにらんだ取組みということができる。

4.2　農産物のブランド化と6次産業化

川場村では，「雪ぽんクランチ」の販売後も着々と農産物のブランド化および6次産業化を推進してきている。

「雪ぽんクランチ」の販売後の「雪ほたか」を使った主な商品としては，2013年に「雪ほたかの飲む糀」，2015年に「水芭蕉雪ほたか純米大吟醸」「雪ほたかビール」などが販売され，どれも好調な売れ行きである。「雪ほたかの飲む糀」は，異業種に参入した電子部品製造の㈲かわばによって，「雪ぽんクランチ」と同じように川場村をPRする新たなお土産として商品化されたものであり，2013年に観光庁が行った『究極のお土産』のノミネート商品となった。

この他にも，群馬県6次産業化チャレンジ支援事業を使って㈱雪ほたかが，川場村の特産品とコラボレーションした，こんにゃく米粉ラーメンや和菓子スイーツ，グルテンフリー商品などの自社オリジナル商品の開発に取り組んでいる。また，2015年のミラノ万博に出品された「雪ほたか米のスープ」も商品化を目指しているという。

6次産業化という観点からは，2012年から，かわばドライ加工研究会が群馬県農業技術センターによる技術支援を利用して，川場村の農産物を原材料としたドライ製品やそれを使った派生商品を開発し，川場村の新たなブランドとして販売している。2013年には，廃棄されていた未利用りんごを有効活

用するために理系の産学官連携プロジェクトから生まれた「川場シードル」，2014年には，川場村産安納芋を使った乾燥芋の「琥珀庵」などが商品化されている。

4.3 田園プラザ

　2015年，道の駅事業を地方創生の手段と位置付ける国土交通省によって，田園プラザは，地域活性化の拠点として，特に優れた機能を継続的に発揮していると認められ，全国モデルの道の駅6箇所の中の1つに選ばれた。

　また，観光庁からも，地域資源を活かした特産品の提供，地域のゲートウェイとしてビジターセンターによる観光案内などの取組みにより，道の駅を目的地とする新たな観光ニーズを創出したとして，第7回観光庁長官表彰を道の駅として初めて受けている。

　この裏付けとなるのが，近年の急激な入り込み数と売上高の伸びである。入り込み数は，2012年度に100万人，2014年度に150万人を突破し，2015年度は185〜190万人になると見込まれている。直営店の売上高もこの入り込み数に比例するように伸び，2014年度は約12億2千万円になった。この数字から，田園プラザは川場村の地域ブランド化を牽引する機関車役としての機能を十分に果たしてきている。

5　地域ブランド化と大学の役割

　今回の「雪ぽんクランチ」を通した産学官連携の取組みは，販売数やタイミングからも多様な主体による協働がうまくいった事例と考えられ，「雪ほたか」のブランド化や川場村の地域活性化を補完し，川場村が6次産業化を進めていく上でのきっかけとなったと言うことができよう。

　実際，筆者のインタビューに対し，㈱雪ほたかの久保田長武取締役も次のように語っている。

　「「雪ぽんクランチ」はとても画期的で夢のある商品でした。農家にはそれだけの商品化する力がありませんし，村役場もやりたいとは思っても，自分

▶ 図表12-6　川場村の地域ブランド化の推進

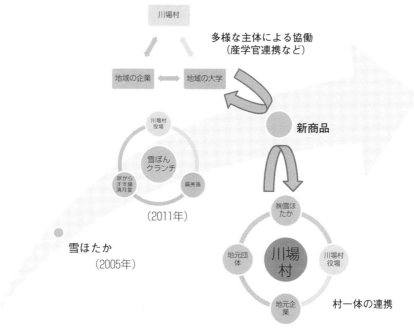

達が陣頭指揮を取ってすべてやるのは不可能です。企業は持っている技術を活かし，学生はビジネスを身をもって勉強できる。三者に利益があって，三者に無理がない。Win-Winの関係であったと思います。そういう意味で，これからも産学官で連携できれば様々なことができるのではないかと感じました。」

　また，商品を開発して終わりではなく，その後も三者のそれぞれがうまく折り合いながら，継続した取組みがなされたことからも連携がうまくいったことを示唆している。

　川場村のその後の展開や実績を見ると，田園プラザを核として，「雪ほたか」の関連商品や6次産業化商品を次々と出しながら，**図表12-1**のように地域イメージを強化してきている。それにより，川場村が持続的な地域経済の活性化を図るような地域ブランド化を推進し，確立してきたことがわかる（**図表12-6**）。その背景には，川場村には「雪ほたか」を中心としたブ

ランド化を図るという共通の認識や理解があり，それを導いた村長を始めとした村役場や㈱雪ほたかの存在は大きい。

　また，これは，村を外から支える産学官連携などの多様な主体による協働と村内が一体となった連携をともに重要視しながら，川場村が地域ブランド化に向けて，継続的に取り組んで来た成果ともいえよう。この継続性と村内外一体となった連携が機能することが，地域ブランド化を目指す多くの地域においても重要であり，川場村の取組みは大いに参考となるであろう。

　地方創生の時代と言われ，これまで以上に各地域は，地域ブランド化を含め，様々な方法での地域活性化が求められている。それに対して，社会貢献を教育・研究に加えた使命と位置付けられた大学は各地域からの連携先として，大きな期待を担っている。それに応えるため，大学は地域とただ単につながるのではなく，面的に広がり，ノウハウが蓄積されていくような継続して連携できる取組みをすることが今後さらに必要となってくるであろう。

（兼本　雅章）

参考文献

- 浦野寛子［2014］「共創的地域ブランド・マネジメントにおける文系大学の役割」，吉田健太郎編著『地域再生と文系産学連携：ソーシャル・キャピタル形成に向けた実態と検証』同友館 所収。
- 兼本雅章［2011］「「繭美蚕（まゆみさん）」による産学連携の取組み」『共愛学園前橋国際大学論集』第11号，15-30頁。
- 兼本雅章［2014］「異分野の学生たちによる『ぐんま方言かるた』制作プロジェクトとその教育効果―仮想企業「繭美蚕」の活動を中心に―」『経済教育』第33号，162-171頁。
- 兼本雅章［2015］「産学連携の商品開発に関する一考察」『共愛学園前橋国際大学論集』第15号，29-44頁。
- 河藤佳彦［2015］「農業と観光の融合による地域づくり―群馬県利根郡川場村における取組み―」『地域政策研究』第18巻第1号，1-24頁。
- 小海一則［2015］「「農業プラス観光」で人口3,400人の村に年間150万人に上る来訪者：産業，情報，交流の核となる"地域センター"目指す」『道路』通巻889号，64-67頁。
- 後久博［2011］『売れる商品はこうして創る―6次産業化・農商工等連携というビ

ジネスモデル—』ぎょうせい。
- 経済産業省［2004］『知的財産戦略本部・コンテンツ専門調査会第 1 回日本ブランド・ワーキンググループ（経済産業省説明資料）』2004年11月24日，https://www.kantei.go.jp/jp/singi/titeki2/tyousakai/contents/brand1/1siryou5.pdf（2016年 2 月13日現在）。
- 貞清栄子［2012］「農業は成長産業となりうるか」『三井住友信託銀行　調査月報』2012年 8 月号，18-24頁。
- 中小企業基盤整備機構編［2013］『地域の美味しいものづくり：農商工連携・ 6 次産業化による商品開発，販路開拓とその支援』同友館。
- 和田充夫［2002］『ブランド価値共創』同文舘出版。

終章

日本社会における「共感」と市場経済

1　はじめに

　20世紀も終盤になって，東欧諸国の社会主義政権が崩壊し，市場経済の計画経済に対する優位性は揺るぎないものになった。中国等の共産党一党支配が残る国でも市場経済が実質的に導入され，**計画経済**の非効率が改善されて，それらの国々の経済発展を促している。しかしその一方で我が国では，高度成長を支えた市場経済への信頼性を揺るがすような状況が次々と生起した。世帯間の所得格差の拡大傾向や子供を巻き込んだ絶対的な貧困の深刻化，非正規雇用などの不安定な雇用の拡大，少子高齢化・人口減少による社会の将来への漠然たる不安，所得の伸びが期待できないことへの不満など，社会経済に次々と生起する課題は，市場経済が先進国に相応しい安定感ある社会と生活を保証する制度ではないのではないかという疑問を惹起させ，高度成長期とは異なり，市場経済に対する社会の信頼を揺るがしている。

　このような渦中にあって，従来は行政の領域だった地域・街づくりの分野に市民や民間が自らの意思で積極的に進出し，普通の市民や企業が行政の担うべき課題に取り組んでいる。それらは地域での介護や子育て，障害者・高齢者の雇用，街づくり，エリアマネジメント，地域の祭礼や行事，自然災害への備えや防犯等の街の安全・安心，公民館等の公共施設の運営，道路や橋等のインフラの維持管理等々きわめて多岐にわたっていて，市民が自らの関心に従って参画している。

　市場経済は人類の知恵の結晶であるが，完全に機能しても出来ないことがある。格差の拡大は典型である。所得格差は市場が作り出したものであり，

それを補正する機能は保険市場など市場にも備わってはいるが，格差を作り出す力には到底叶わない．東日本大震災のような国家的規模での非常事態からの復旧についても市場機構は無力である．このようないわゆる"**市場の失敗**"を補完するのは行政の役割であるが，行政にも，行動原則としての公平性の縛りや，人手・財政面での限界がある．市場経済や行政が機能するには，それらを支える基盤としての"社会"が必要である．社会を構成する単位は家庭や地域コミュニティなどであり，人の繋がりで成り立っているが，これらが担うべき役割を市場機構や行政が代わって務めることは難しい．

普通の市民が公共に関わるようになったことは，現代社会の大きな特徴だろう．これら諸々の活動は，地域の「人の繋がりを再構築」し，少子高齢化や人口減少が進展する中で農山村・地方都市・大都市圏を問わず地域の活性化に貢献しており，人の幸せの形や社会のあり方にまで影響を及ぼそうとしている．それらは大規模な自然災害に対して，いわゆるしなやかで強靭な社会を創ることにも貢献していて，活動への参加による常時の楽しみが，非常時の力になりつつある．

本章では，経済学における市場経済の研究において，人の繋がりとそれが生み出す社会の共感がどのような意味を持っているか，それはどのように展開し，日本の社会経済の潮流の変化に呼応しているか，どのような政策がとられているかについて考える．

2 市場経済への信頼と変動

市場経済の評価

経済学の研究テーマは多様だが，共通した基本テーマは市場機構を様々な側面から分析して評価し，人びとの厚生を改善するための政策を研究することにある．

それはアダム・スミスやマルクス，ケインズに至る社会経済思想の系譜においても同じである．時代によってイデオロギー的な対立や，ケインジアン

とマネタリストの論争にみられるような理論での鋭い対峙を招いてきたが，現在の市場経済についての大方の理解は，第1に，それが「優れた仕組み」だということ，第2に，市場機構には「完全に機能してもできないことがあり，それは行政が補完しなければならない」こと，そして第3に，「時に暴走し，予測し難い事態を起こすことがある」という，しごく当たり前の内容だろう。

市場経済への信頼の高まりと不安

　戦後の産業発展は，人びとの所得を押し上げ，一般の市民が耐久消費財をはじめとした文明の利器を手に入れることを可能にしたが，それがさらに産業の展開を促し，高い成長の持続を実現した。

　日本経済は，1990年代初頭のバブル崩壊の頃までは，国内や海外からの需要（総需要）が総供給を上回るのが常態で，マクロ経済政策は，健全な供給サイドを背景に財政・金融政策によって国民の強い消費欲求を制御することだった。それにより高い成長を確保しながら，安定した物価と貿易収支を維持することが政策の関心事だった。このような恵まれた経済環境の中で，1973年の石油ショック後は低迷する欧米諸国をはじめ世界の経済を支え，牽引する役割も担った。

　第1次石油ショックは，それの風評被害と相まって，国民の生活をかつて経験したことのない混乱に巻き込んだが，それが市場経済自体への不信や否定につながることはなかったように思う。高度成長の過程では，公害問題をはじめ，いろいろな事件が起こったが，多くの国民は，所得の上昇に加えインフラ等の生活環境も改善されて市場経済の下で総じて成長の恩恵に浴し，日本経済は世界の先進国としての地位を不動のものとした。

　しかし特に1990年代に入り，バブルが崩壊すると，多くの国民が憧れるような消費財も新しくは現れず，かつてのアメリカのように需要サイドが弱体化して，供給過剰が常態化した。戦後の発展を支えた供給サイドの弱体化により，強い経済を背景にした所得の上昇にも多くを期待することが困難になると，経済の停滞とともに格差などの市場経済に起因する社会問題が顕在化

し，人びとの市場経済をみる目が変化してきた。

　市場経済はかけがえのない制度ではあるが，国民は，それを行政が補完して運営すれば，自分たちを幸せにする社会が実現するということに疑問を持つようになった。バブル崩壊後，我が国は低成長期に入ったが，勤め先の倒産や解雇で仕事を失うと，次の仕事を見つけることは容易でなくなった。予定していたようには所得が伸びず，住宅ローンの支払いに事欠き，やっと手に入れた持ち家を手放すようなことも日常的にみられた。地域社会が弱体化したことによる日々の生活への不安もでてきた。いったん職を失い，蓄えを使い果たしてしまうと，田舎に帰るあてもなくホームレスになるしかないという状況も現れた。地域の共同体に煩わされないで暮らせることは，地方から大都市に出てきた人たちが望んでいたことであったが，大都市圏での生活の不安定さにもなった。

　国民は，市場経済が必ずしも安定感ある生活を保証するものではないことを実感させられたが，特に市場経済への信頼が揺らいだのが，格差問題の露呈だった。先進国のなかで最も平等な国だという自負は，バブル期の資産の保有格差の拡大で揺らいだ。それよりも厳しかったのがバブル崩壊後の長い不況である。この間，誰かの得は必ず他の誰かの損になっているゼロサムゲームのような状況の中で，個人・世帯間の所得格差，貧困児童，企業間の賃金格差，性別・国籍による格差と差別，正規社員と非正規社員の労働環境の格差，東京一極集中と地域間の格差，地域や地域文化の消滅の危機等々，抜本的な対応が求められる格差が我が国の社会を襲い続けた。

同感と共感

　最近，市場経済の在り方として共感型市場経済と言われるのを耳にする。アダム・スミスは，市場が機能するのに人びとの「**同感**」が必要だという主旨のことを言っている。これは，人びとが，公平な観察者からみて批判を受けないように行動することによって社会の秩序が形成され，それが基盤となって市場機構が機能するという意味だと理解している。市場が機能するには，市場泥棒が横行しないようにするなど最低限の社会秩序は保たれていな

ければならない。同感というのは，大学の経済学のクラスで習うように，「自分の欲せざる所を，人に施すなかれ」ということだろう。

　他方，「**共感**」には，人の繋がりによって市場機構と行政を補完するというもっと積極的な意味合いが込められているように感じる。市場にも政府にもできないことを，人びとが補うという意思が「共感」という言葉で表されているのではないか。最近の人の繋がりと多様な主体の参加への関心は，市場経済の弱肉強食を放置することへの危うさについての市民の嗅覚だろう。

　「共感」は，人びとの「**公共心**」に近いように思う。家族だけが幸せに貢献できることがあるように，地域コミュニティにおける**人の繋がり**が作り出す社会の安定感があり，それが翻って市場経済の運行を助ける役割を担っている。

　資本主義は世界を席巻したが，それは安定感ある社会を約束するものではない。勝ち組には分類されなくても，自分がいつ負け組に転落するかもしれない不安は絶えず隣にある。失業して故郷にかえって再起の時を待つといった行動は出来なくなっており，いざという時の自分の受け皿が社会にないことへの不安に繋がっている。それらにどのように対処するかについて，自分が貢献できるかもしれないという期待が出始めている。

3　社会サイドの役割

市場と行政を支える社会サイド

　およそ人は命令では動かない。人が動くにはそこに共感が必要である。多様な価値観を持った人びとが地域づくりに参加するのも，活動の目標や方法等に共感があるからだろう。共感には，社会の役に立ちたいという側面があり，それによって個々人は，社会での居場所が見つかり，生き甲斐になる。

　マクロ経済には，需要サイドと供給サイドがあり，それぞれが経済の発展に基本的な役割を演じている。昭和40年代後半から50年代にかけての欧米の先進国病は，供給サイドの弱さに原因があった。他方，我が国では，高度成

長期と安定成長期には2つの側面がうまくかみ合っていた。しかし平成の時代に入った頃から，需要の停滞に加え，生産性の伸びも停滞する中で，需要サイドと供給サイドの双方に弱さがみえるようになった。人の繋がりの再構築は，少子高齢社会において先進国に相応しい安定感ある社会をつくるための「社会サイド」と呼ぶことができる。これが今の時代において，需要・供給サイドと並び，経済社会の運営の要になりつつあるのではないか。

競争市場の原理

市場経済はかけがえのない制度であるが，それが機能するのに人びとの繋がりは必要としないのだろうか。もし必要とされるならば，市場経済の内部にも安定した人の繋がりを維持する仕組みが備わっているはずであり，少なくとも市場に参加する人びとの間では繋がりができるはずである。結論からいうと，市場機構の基本的な機能に，人の繋がりは不要である。

最も原始的な物々交換の市場を考えてみよう。生活に必要なものを手に入れるために，人びとは交換するものを持って街の中心部の市場に出かけ，自分が欲するものと交換するとする。市場で交換するかどうかは自由で，自分にとって良いと思えば交換し，希望しなければ交換しなければよい。したがって市場の参加者が自由意思で交換したとすれば，それによって双方とも満足し，交換によって互いに良くなっているはずである。

このようにして交換を繰り返すと，やがてどのような交換が，どのような組で行われても，双方ともに良くなることは不可能な状態に行き着く。この状態で，さらに交換が行われると一方が良くなっても必ず他方は悪くなっている。これは経済学では**パレート最適**と呼ばれ，経済は最も「効率的」な状態になる。

この例で示されているように市場経済が最も効率的な状態に到達するのには，人びとの市場の外での繋がりは必要とされない。それぞれの個人は，いわば大海の孤島に暮らしていて，市場が開かれる島に出向き，見ず知らずの人と交換するだけである。それによって市場に参加した人びとは一定の満足を得，予定調和が実現される。これが「**市場の原理**」である。

経済学の世界でも，現代経済学が日本の学会に定着し始めた50年代から60年代にかけては，このような個人が，自分の効用（満足）を最大にするように行動するという意味で合理的に行動することを想定し，市場の機能を分析することが主要なテーマだった。それらは，各々の研究者が描く市場経済の世界に実現されうる状態があるかどうかという均衡の存在問題，その状態で社会を構成する個人の効用がどのような状態になるかという均衡の社会厚生的な意味づけ，市場経済での取引によって均衡に到達できるかという市場の安定性の問題，及びそれらに関係する諸問題が理論経済学の中心テーマであった。市場に参加するには交換するモノを持っていなければならないが，それが不十分な人に対してどうするかという**所得分配**問題については，国民所得も行政歳入も順調に伸びていた経済状況を背景に，一定の価値判断の下で政府が税・補助金などの適当な財政手段を使った政策をとることで対応するとされた。こうしたテーマが理論経済学の分野の日本人研究者の関心を集めた背景には，日本経済の順調な成長を支えている市場経済への信頼があったように思う。

市場経済におけるひとの繋がりへの関心

こうした理論の展開過程に疑問を投げかけたのは，高度成長期の**公害問題**だった。公害は経済学では外部不経済と呼ばれ，ある人の行動が市場を経由しないで他の人に好ましくない影響を及ぼすことを意味するが，市場経済の外で起こっていることが，実際に大都市圏のみならず，地方圏でも人びとの厚生に大きな影響を及ぼしていることが実感として強く認識されるようになった。

それに伴って，合理的に行動する孤立した個人を前提にした経済学の基礎理論が空疎な理論として強い批判を浴びることになった。公共経済学の我が国での登場は，1960年代であるが，こうしたことを背景にしていたと思う。最大の関心は，人が市場機構の外で繋がりがあるときに，それは市場経済に対してどのような意味を持っているか，市場経済の成果や社会厚生にどのような影響がでるのか，それを改善するにはどのような政策が必要か，であっ

た。

　このような課題は，一般的には公共財や外部効果の範疇に入るが，公害のような外部不経済だけでなく，教育，医療，交通，道路・橋梁・上下水道などの社会資本等々，国民生活の環境の改善についての全般にわたっていた。財政学が，伝統的に租税と財政制度に関心が向けられていたのに対し，公共経済学の関心は，それらに加えて，市場の外での人の繋がりの経済への影響や公共支出，行政による民間規制の在り方にも向けられ，それらについて経済理論を基礎にして分析することにあった。

市場経済における「社会サイド」の価値

　市場経済は，かけがえのない制度であり，社会の基盤であるが，完全に機能してもできないことがあるし，人の幸せと相容れないようなことも普通に起こす。それを補完するのが行政の役割である。このような組み立てによって，完璧とはいえない市場経済も，人びとの多様な欲望を満たしながら社会に一定の調和をもたらし，かつ経済を成長させることができるというのが市場機構についての肯定的な理解だろう。

　しかし市場を補完すると言っても，行政にもできないことは多々ある。たとえ人手と予算をかけても，市場経済では担えない役割を行政がすべて担えるというわけでもない。福祉について行政が制度を整え，予算と人手をつけると行政としての義務は果たされるが，それで福祉の問題が解決されるわけではない。

　人と社会には，カネには換えられない価値がある。人との繋がりとそれらがもたらす満足感などは，「大きな政府か，小さな政府か」という枠内の議論で解決できる問題ではない。政府は，大きな政府でも小さな政府でも，市場と同じく失敗する。行政に任せておけば，市場の欠陥は埋められ，万事うまくいくというのは，賢い政府に対する信仰でしかない。市場機構にも行政にも支えきれない社会課題は身の回りには多い。それらを担うのは社会であり，それらは社会の一員として一人ひとりが担わなければならない。

　3・11の東日本大震災で，震災後の社会を支える柱として「**絆**」が注目さ

れている。ギリギリの瀬戸際で本質が見えるのだろうが，そのような状況では，市場機構も行政も頼りにはならない。最も頼りになったのは隣人であり，地域での人の繋がりだった。それは復興が始まっても同じだった。被災地では，いろいろなソーシャルビジネスが起こり，復興の足がかりになっているが，それへの参加は，たとえ小さな仕事でも精神的な支えになるし，誇りを持って従事できる仕事があれば，支援を受けながら仕事にも精を出すことができる。市場とそれを補完する政府を基底で支えているのは社会であるが，その成員である一人ひとりの自立的な市民の意義を再認識する必要がある。

4　住民・市民が担う公共

地域社会が担った「公共」

　かつての日本社会には都市でも農村でも地域社会が根を下ろしていて，人の繋がりが地域の暮らしと産業を支えてきた。しかしそれらは高度成長の過程で弱体化し，地方によっては崩壊した。高度成長の真只中の1960年代半ば頃，既に中国地方の山間地などでは過疎化が急速に進行しており，農村はやがて社会として機能しなくなるといわれていた。このような状況は意外と早くやってきて，1970年代半ば頃にはそのような集落が，どこの地方でも普通に見られるようになった。実際，1977年に出された政府の第3次全国総合開発計画の中心テーマは，地方の過疎と大都市の過密の解消だった。

　地域の道路や水路の整備・維持管理などの公共的な取り組みは，戦後でも1960年頃までは地域住民が担っていた。日常の暮らしの中のこれらの「公共」は徐々に住民から行政に切り出され，税を徴収して維持管理されるようになった。農山村でそれに拍車をかけたのが農家の兼業である。地域開発で工場などが地方に立地し，道路が整備されて通勤が便利になり兼業が増えると，日常の暮らしの中のこれらの「公共」は徐々に住民から行政に切り出され，行政の手で維持管理されるようになった。地域社会や大家族で支えられていた高齢者の世話や弱者対策等の福祉も，行政が担うようになった。その

一方で，過疎が進むにつれて地域コミュニティは弱体化し，集落に残された棚田や里山は，市場価値も低下して荒廃した。

日本の長い歴史のほとんどの期間において，人びとは，地域社会の中で互いに助け合いながら生きてきた。そうした**共助**を「公共」と呼ぶならば，公共の活動は日々生きてゆくために迫られた当然の行為だった。行政による福祉が，人びとの暮らしの中に入り込んできたのはそれほど昔のことでない。

都市圏でも，同じようなことが起こっていた。大都市圏でも，地域社会は各町内で地縁的に存在していた。それが崩壊したきっかけは，多様な住民の流入だった。これらの人たちには，単に仕事があるから都会に出てきただけではなく，田舎の濃密すぎる付き合いに嫌気がさして都会での新しい生活に期待したこともあった。隣近所との付き合いに煩わされないことが都市生活の長所として歓迎され，団地のマンション住まいで隣人の素性も名前も知らないまま日常を送ることが常態化した。

企業一家も弱体化

大都市圏では，コミュニティは地域よりもむしろ企業の中で保たれており，地域社会が弱体化した後の都市のコミュニティを形成していた。これは**企業一家**などと呼ばれていたが，共助社会の場であった。企業一家は，企業への忠誠心や働く意欲とも関連して企業にとっても好都合だったが，相互扶助の役割を担ってきた。それらによって，時には会社の人間関係が家庭にも持ち込まれる煩わしさはあったが，日本社会の強さだった。

しかし人の働き方は多様になった。特に高度成長期の終わりからバブル期にかけては，若い層では企業間の移動が奨励されるようにもなり，一つの企業に縛られない働き方として，今で言う非正規雇用を選択することが推奨されたりもした。終身雇用や年功序列も，一時は高度成長を可能にした制度として世界の労働経済学者の関心対象にもなったが，企業への滅私奉公が強いられる元凶だと批判された。こうした傾向はバブル期に豊富な雇用機会があったことを背景にしているが，労働力が企業間を移動するようになり，また非正規の短期雇用が高い割合を示すようになると，企業の一家意識は薄ら

いだ。

頼り切れない行政

　地方圏でも大都市圏でも、地域社会の役割の多くは行政に切り出され、行政が担うようになったが、それが出来たのは高度成長の成果である。年度当初に行政が予定した税収を超えた収入は自然増収と呼ばれたが、それはほとんど毎年のように期待できた。予想外の税収を投入することで、既存の事業を削ることなく、行政は市民生活のこと細かなことにまで応えることができた。市民も、何か生活で不具合があると行政に持ち込み、行政はそれに応えようとして予算を割り当てた。こうして市民の財政依存が高まり、行政の規模は拡大した。それとともに、市民が自らの生活のことは自らが処理するという共助・自助が後退し、行政依存が高まって人びとの生活における行政の役割が大きくなった。

　大都市圏でも必要な生活環境は、市場経済や行政を通じて提供されており、それは大都市圏での生活の便利さだった。若い世代の特徴として、経済成長が続き所得が伸びている間は、人の繋がりの必要性を日々の生活の中で意識することもなかったかもしれない。年々の着実な所得の成長は、生涯設計を立てやすくし、それ自体が安定感を生む。日本の場合には、近年の中国や他の途上国の発展過程と異なり、高度成長で国民全体のパイが大きくなると同時に、所得分配の平等化がほぼ歩調を合わせて進んだことがあり、高度成長期においても分配の不平等によって社会が不安定化することはなかった。高度成長期には一億総中流といわれており、そこに入ることと、そこから落ちこぼれないことに人びとはそれなりの苦労はしたが、国民は総じて高度成長の恩恵を受けていた。

　しかし経済が低成長に移行し、市場経済がもたらす社会での様々な歪みを目の前にして、行政は市民が満足するほどには、市場を補完できるものではないことも明らかになってきた。

5　普通の市民が担う「公共」

行政依存への反省

　行政への依存体質に反省が出てきたのが1970年代後半である。当時，欧米諸国では「先進国病」が問題になっていた。政府が民間の細かなことまで介入して，人びとは行政に依存するようになり，それが市場経済と民間活力を殺ぐことになるという症状である。

　欧米における政府の民間介入に対する批判は，政府の福祉政策にまで及んだ。福祉政策の整備が，人びとの働く意欲を減殺し，経済の停滞を招いているという批判であり，福祉が必ずしも人びとの幸福に寄与するとはかぎらないという議論も起こった。

　福祉社会の実現は人類共通の夢である。ケインズ主義が追求していることも**福祉国家**の実現である。「失業して職のない人にも所得を与えよう。そうすれば資本主義社会は大不況から免れうる」というのは，ケインズ的な財政・金融政策を福祉国家の理念と結びつける糸である。戦後の資本主義国家は，それをある程度成し遂げたと思う。しかし人間の器量には限界があり，福祉のような崇高なことには必ず裏表がある。先進国病はその典型だろう。

　我が国でも，欧米の先進国病を受けて，1970年代後半に，行政が民間のいろいろなことに介入するのが経済全体として良いとは限らないという反省が起こった。しかし我が国では，当時は企業の労働者の労働意欲は総じて高く，生産性の上昇も堅調で，先進国病の恐れはなかった。当時の第二次臨時行政調査会での議論は，小さな政府に移行すべきであるという方向性を示したが，これには欧米の後を追って発展してきた我が国が，欧米の轍を踏まないように転ばぬ先の杖をつくという意味があった。しかしこれを契機に，政府の市場介入に反省が広まり，大きな政府から小さな政府への流れが定着して，行政の役割に変化が見え始めた。

社会で満たされないもの

よく知られているように，「物質的な豊かさが大事か，心の豊かさか」を問う世論調査が，政府によって毎年，実施されている。始められたのは高度成長の後期で，当初は「物資的な豊かさが大事」という回答が「心の豊かさ」を大きく上回っていた。しかし所得が高くなるにつれて両者の指標が接近し，高度成長の終わり頃に逆転した。両者の開きは，時代の特徴を背景にして接近したり離れたりの動きを繰り返しながら次第に大きくなり，現在では，心の豊さへの希求が物資的な豊さを遙かに凌いでいる。

このような動向は，高度成長期については，我が国でも飢えの心配がなくなっただけでなく，所得の上昇によって生活が豊かになったことを反映していると思う。しかし最近では，新たに認識されるようになった地域社会の弱体化による拠り所のなさも，心の豊かさを希求する背後にあるのではないか。

NPOや住民活動による人の繋がりの再構築が，「災害に負けない，しなやかに強い地域をつくる」のに大事だということも，特に東日本大震災によって認識されるようになった。被災地では，「絆」ということが言われているし，遠隔地の都市間の交流・連携もNPOや市民団体が行政とともに先頭に立って活発に行われるようになっている。企業の防災・減災のBCP（事業継続計画，business continuity planning）も，企業内の行動から地域の住民と行政，企業が一体となった活動になりつつある。国土の強靭化の議論でも，「地域コミュニティの強化を図ることが重要」だということが共通の理解になっている。

市民による「公」の復活への期待

地域コミュニティが弱体化したことによって，多くの役割が行政に切り出されたが，しかし地域の人の繋がりではじめて実施できるような役割を行政がすべて担うことはできない。地域の祭りや古くからの行事，伝統の維持・保存，地域での人びとの支え合い等々は，行政では担いきれない。地域社会における行政の役割の限界は，特に人口減少や少子化，高齢化が進行する過

程で強く意識されるようになってきた。

　こうした環境変化の過程で，社会の底流では，人の繋がりが大事だという意識が認識されるようになってきていた。実際，時間差はあるが，農村でも都市圏でも新たな公が地縁的組織や機能的組織として活動を開始していた。それは，経済発展による社会の変容によって失われた個人一人ひとりの地域におけるアイデンティティーの復活への期待でもあった。一時は存続の危機に瀕した町の祭りも，地方によっては，地域に居住する人たちだけでなく，大都市に出て行った地域の出身者や，大都市圏で地方での生活に関心を持つ人びとを引きつけはじめた。

　このような活動は行政からの強制ではなく，多くは各地域のやむにやまれぬ社会状況を背景に自然発生的に生まれていて，行政の施策よりも実態が先行していた。それが一気に表面化したのが，阪神・淡路大震災だった。大震災後の復旧・復興における隣近所の協力や人びとのボランティアとしての活動が注目され，その直後の1998年にNPO法が成立したが，活動は，東日本大震災後の地域づくりにも引き継がれている。

　現在では市民による自主的で多様な活動が，行政に替わる「公共」としての役目を担っており，それらがないと地域は動かないまでになっている。一方，市民の側では，多様な取り組みに参加し，それが社会貢献になっていることが生き甲斐になって，心の豊かさにもなりつつあり，家と仕事に続く「第3の居場所」になってきている。

　内閣府が実施した2013年の世論調査では，社会のニーズや課題に対して，市民の自主的な取り組みが大切であると考える人の割合は9割を超えている。このような取り組みは，人の繋がりがあってはじめて可能になるが，同じ調査でNPO法人に期待する役割として，「人の新しいつながりを作ること」と答えた人が4割弱で最も多く，市民の自主的取り組みへの関心と期待は確実に高まっている。

6　経済政策と共感

　経済政策においても，人びとの「共感」は一定の意味を持つようになった。第1に，政府の「共助社会づくり懇談会（内閣府）」では，2013年度から，人の繋がりとそこにある共感がつくる社会を共助社会と名付け，我が国の経済と社会について持つ意味を，NPOや一般財団法人・社団法人，ソーシャルビジネス等の活動を対象にして，現在の状況の調査と分析，育成のための課題の整理，施策の立案・実施，全国での啓蒙活動等が実施されている。特にこれらの団体について，人材，資金，信頼性の各側面から詳細に分析して，施策に取り組み始めている。

　第2に，政府の経済政策の基本方向を提示する「経済財政運営と改革の基本方針2015」（骨太の方針）における位置づけである。そこでは，「共助の活動への多様な担い手の参画と活動の活発化のために，関係府省庁が連携してボランティア参加者の拡大と寄附文化の醸成に向けた取組を推進するとともに，NPOやソーシャルビジネス等の育成等を通じて，活力あふれる共助社会づくりを推進する」とされており，「骨太の方針2013,2014」においても同様の主旨の記述がなされている。これらは少子高齢社会における地域コミュニティと人の繋がりの政策としての重要性を位置づけている。

　第3に，国土形成計画における，地域と国土の担い手としての共助社会の重要性である。国土計画は，住民生活を含めた各地域の地域力と都市圏の国際競争力の強化のための中長期の地域・国土づくりの計画であり，戦後の第7次国土計画に相当する第2次国土形成計画が，2015年度に策定された。

　第2次国土形成計画のテーマは「**対流**」である。歴代の国土計画の基本理念は，「交流・連携が新しい価値を生み出す」ことにある。それを現代に体現するのが「対流」であり，人・物・情報の双方向の流動を促して，地域力と都市の国際競争力を高め，同時に東京への一極集中を是正することを目指している。対流が新しい価値を生み出す例は大学である。大学は全国や世界各地から学生・院生，研究者を呼び込み，世界に送り出しているが，日本各地の大学も世界の教育研究機関と東京経由でない世界的ネットワークを持っ

ていて，双方向の対流を生み出し，新しい価値を創造している。地域のコミュニティ大学も，地域の対流拠点の役割を担っており，地域づくりで中間支援を期待されている大学は多い。

　国土計画の歴史を見ると，1962年に全国総合開発計画（全総）が，そして1969年に新全総が制定された。当時の日本は高度成長期で，関心は大都市圏の発展の成果をいかに地方圏に波及させるかにあり，地方圏に開発拠点を設け大都市圏と結ぶ交通網を整備する方向性が提示された。次の3全総（1977年）の目標は過疎・過密の解消で，各地に定住圏をつくることが謳われた。当時，高度成長は既に終わり，我が国は安定成長期に入っていたが，大都市圏への人の移動は収まらず，とりわけ首都圏では住宅や通勤，公害等の生活環境において過密の弊害が深刻化していた。他方，農山村では，前述のように過疎が進行し社会として機能しない農村集落が全国至る所でみられるようになっていた。大都市圏でも同じで，人は集まったが，マンションや団地住まいで，隣人の素性はおろか名前も知らないままに日常の生活を送ることが常態化していた。このような社会状況に危機感をもったのが4全総（1987年）と5全総（1998年）である。これらの計画では，交流・連携の促進施策として，ハードの整備に加え地域での「人の繋がり」の再構築が入ってきており，「**多様な主体**の参加」による地域づくりが謳われた。

　第6次の国土計画が国土形成計画であり，2008年に策定された。そこでは多様な主体は「**新たな公**」と呼ばれ，それの育成が5つの基本戦略の1つとなり，他の4つをベースで支えるという重要な位置づけがなされた。新たな公は，第2次国土形成計画では「共助社会」の名の下に地域づくりの担い手として期待されており，対流の熱源の役割を担うことが意図されている。

　第4に，政府の国土強靱化計画における位置づけである。それの検討審議を担っている「ナショナル・レジリエンス（防災・減災）懇談会（内閣官房）」の議論においても，国土の強靱化における地域コミュニティの重要性が謳われており，強靱化基本計画においては，「地域コミュニティーの維持，強化を図ることが極めて重要」とされている。また同懇談会が2015年に発表した報告書では「ソーシャルビジネスなど新たな担い手を育成する取組を支

援するとともに、……共助社会づくりを目指した取組が必要」とされている。

7　おわりに

「程よい成長に支えられた先進国に相応しい安定感ある国土」を創ることは、多くの国民が同意できる目標だろう。バブル崩壊以降、それまで続いた成長経済が一転して低成長に移行し、ここ20年ほど、国民はそれへの適応に難儀をした。しかし困難はそれに止まらず、阪神・淡路大震災と東日本大震災の襲来、南海トラフ大地震や首都直下型地震の恐れ、少子高齢化による地域の疲弊と将来の生活への不安等々、人びとは自らの力の及ぶ範囲を超えた危機感のなかで生活を送ることを余儀なくされている。このような渦中にあって、社会的問題の解決のために、自らが担い手になって活動する市民の動きが目立つようになり、従来は行政の領域だった分野に市民・民間が積極的に進出して、「公共」に関わるようになっている。それらは地域の人の繋がりを再構築し、都市と地方を問わず人の暮らし方や社会のあり方にまで影響を及ぼしつつある。

市場経済はかけがえのない制度であるが、リーマンショックやバブル、石油ショックなどのように、時として予測し難い荒々しい顔を見せることがある。普通の人びとが担う公共は、市場経済の仕組みのなかに、それらに対抗する力を組み込むことを可能にする。

人の繋がりは社会インフラである。それらは道路や橋、堤防等のいわゆる構築物としてのインフラと同じように、社会の基礎構造である。それらが弱体化すると、市場の欠陥や政府の失敗が露呈する。古来、インフラの荒廃は文明の衰退を暗示した。ハードの社会基盤に比べれば、ソフトの社会基盤の崩壊は問題になりにくい。道路が荒れ、橋が朽ち、学校の校舎が危険な状態になると、誰もが異変を感じる。しかし社会インフラの場合には、人の繋がりが希薄になったとはいっても、それを社会の弱体化と考えるか、逆に心地よいと感じるかは、人それぞれの所がある。現在の日本では、構築物としてのインフラが危機的な状況を迎えようとしているが、社会基盤としての社会

インフラも放置できない段階に立ち至っている。最近では，プライバシーが強く主張されるが，市民は，一人ひとりが「公（パブリック）」としての存在であり，人の繋がりによる共助社会の再構築は，我々の社会基盤の強化につながる。

　人の繋がりは，大規模災害が発生すると，その役割に注目が集まる。しかしそれは，非常時だけではなく，人びとの日常の楽しみや，生活におけるモラルにも直結している。「共感」は，人びとの日常行動の根幹をなすが，それは人びとの繋がりのなかで実感されるものだろう。それはソーシャル"イノベーション"というような革命的なことではなく，日本に古くからある社会の良い所を思い起こし，そこに光を当てることである。

（奥野　信宏）

文献紹介　一歩進んで考えるために

　本書では，日本が抱える様々な経済問題をマクロ的な側面，グローバル化との関係，および地域や地方の視点からアプローチしてきた。もちろん，わが国が抱えるすべての問題を分析対象にしているわけではないものの，本書で取り扱っているトピックスの多さは，それだけ私たちが多種多様な問題に直面していることを表している。

　本書では，コンパクトにそれぞれの問題の所在を示し，課題解決に向けた公共政策を考える入り口を示すことを意図していることもあり，必ずしも専門的な深い議論までたどり着いていない。いずれかの章を読んで，そこに書かれている問題をもう一歩踏み込んで考えようとする方のために，以下では，その参考となる文献を章ごとにいくつか紹介していこう。

＊　　＊　　＊

　第Ⅰ部「少子社会のマクロ経済と公共政策」では，出生率の低下やインフラ老朽化といった先進国としての日本が直面する問題に対する公共政策の在り方をマクロ経済学のアプローチによって紹介してきた。

　第1章では子育て環境の整備と女性の労働参加に焦点を当てた公共政策の在り方を考察してきたが，そこで取り上げた女性の労働については，

- 橘木俊詔編著［2005］『現代女性の労働・結婚・子育て』ミネルヴァ書房

に詳しい。少子高齢化の進展が著しいわが国での労働環境・経済環境を特徴付けて，女性がいきいき働けるための施策を知ることができるであろう。また，家族政策としての子育て支援政策や保育所サービスの拡充などの実現に向けては，実証データの分析を通して検討している次の著作が参考になる。

- 樋口美雄・府川哲夫編［2011］『ワークライフバランスと家族形成』東京大学出版会

　わが国の少子化対策はかなりの歴史がありながら，依然として出生率が低い状態にある。そのような中で政策を考える際に参考になるのが次の著作で

ある。
- 松田茂樹［2013］『少子化論』勁草書房

　第2章では少子化問題と教育政策を関係付けた考察を行ってきた。少子化問題に対する経済学的なアプローチを包括的に紹介しているものとして以下の書籍が挙げられる。
- 山重慎二・加藤久和・小黒一正（編）［2013］『人口動態と政策：経済学的アプローチへの招待』日本評論社

　また，家庭内の子どもへの教育行動と日本の教育政策を関連付けて解説した文献としては以下の書籍をあげておこう。
- 中室牧子［2015］『「学力」の経済学』ディスカヴァー・トゥエンティワン

　第3章の分析は，伝統的な経済成長理論に公共経済学で学ぶ国債政策と人口経済学で学ぶ出生選択という2つの要素を追加したものである。経済成長理論を学びたい読者は以下を手に取ってみるとよいだろう。
- Jones, C. I. [1998] *Introduction to economic growth*, First Edition, Norton.（香西泰監訳［1999］『経済成長理論入門』日本経済新聞社）
- Weil, D. N. [2008] *Economic Growth*, Second Edition, Pearson.（早見弘・早見均訳［2010］『経済成長 第2版』ピアソン桐原）

　特に後者は人口と経済成長の関係に詳しい。また，公共経済学のエッセンスを学びたいという読者には
- 小川光・西森晃［2015］『公共経済学』中央経済社

をお勧めする。そこには，本章で紹介した「ボーンの法則」についてのわかりやすい説明もある。

　第4章ではマクロ経済モデルを用いて社会資本整備の最適政策ルールについての議論を紹介した。社会資本政策について，その経済理論と実証的応用の展開を知りたい読者は，章の中でも言及した以下の文献を参照するとよい。
- 奥野信宏・焼田党・八木匡［1994］『社会資本と経済発展―開発のための最適戦略』名古屋大学出版会

＊　　＊　　＊

　第Ⅱ部「経済グローバル化と公共政策」では，国境を越えた経済活動の広

がりに直面する日本の公共政策の在り方を示してきた。

　第5章では，国境を越えた経済活動の活発化によって生じる租税回避の問題を税制の視点から分析した研究を紹介した。租税回避に関する事例を取り上げ，法学の観点から租税回避行為への対処法やわが国の税制の課題を取り上げているものとしては次の文献が参考になる。

- 八ツ尾順一［2008］『租税回避の事例研究：具体的事例から否認の限界を考える（4訂版）』清文社

また第2次大戦終戦後から今日に至る日本の税制の変遷や政治的背景をより詳しく理解する上では

- 石弘光［2008］『現代税制改革史：終戦からバブル崩壊まで』東洋経済新報社

を見るとよいだろう。さらに，経済理論の立場から課税の在り方について解説している文献として，次が挙げられる。

- 井堀利宏［2008］『課税の経済理論』岩波書店

　第6章では，政治的プロセスに影響を受けながら決められる排出量取引政策のあり方を考察したが，環境政策の理論や環境・資源経済学における様々なトピックを包括的に扱った文献として以下をあげておこう。

- Hanley, N., Shogren, J. F., White, B. [1996] Environmental Economics: In Theory and Practice Oxford University Press.（(財) 政策科学研究所環境経済学研究会訳）『環境経済学－理論と実践』勁草書房, 2005年）

　また，グローバル化と環境政策の関係など環境と貿易に関する様々な論点を制度的な側面からも論じたものとしては以下に詳しい。

- 山下一仁［2011］『環境と貿易－WTOと多国間環境協定の法と経済学』日本評論社

　第7章で紹介したイノベーション政策に関わる文献としては，章の中でも言及した以下の図書を読んでもらいたい。

- Pink, D. H. [2006], A Whole New Mind: Why Right-Brainers Will Rule the Future, Riverhead Books.（大前研一訳『ハイ・コンセプト「新しいこと」を考え出す人の時代』三笠書房, 2006年）

- 山口栄一［2015］『イノベーション政策の科学』東京大学出版会

　少子社会，またグローバル社会において日本が生き抜いていくためには，イノベーションや付加価値創造が最も重要であることは共通した認識となっており，これらの文献は，これからのイノベーション政策を考える上で有用な考え方を提示してくれている。

　第8章では，租税競争理論と新政治地理学という2つのアプローチを紹介したが，前者について，しっかりとした理論を学びたい人は，以下を参考にするといいだろう。

- 松本睦［2014］『租税競争の経済学：資本税競争と公共要素の理論』有斐閣

　後者を専門に扱った邦書はまだ刊行されていないが，政治的プロセスを取り込んだモデル分析は近年，大きく進歩している分野のひとつであり，以下は，政治のモデル分析入門として最適な書物であろう。

- 浅古泰史［2016］『政治の数理分析入門』木鐸社

　　　　　　　　　＊　　　＊　　　＊

　第Ⅲ部「都市と地方の公共政策」では，少子化・高齢化に伴って存続の危機に直面する地方経済や地域コミュニティを活性化するための政策的取り組みを紹介してきた。

　第9章では，都市部であろうと地方部であろうと，誰でも等しく享受すべきサービスに関する考察を行ってきた。そこで取り上げた「ユニバーサル・サービス」の全体像を理解するためには，章の中でも紹介した以下の文献をあげておきたい。

- 寺田一薫・中村彰宏［2013］『通信と交通のユニバーサルサービス』勁草書房

　また，分析アプローチとして用いた「混合寡占市場モデル」について，その特徴を理解するための文献としては以下が有益である。

- 都丸善央［2014］『公私企業間競争と民営化の経済分析』勁草書房

　第10章では，町内会の機能に着目し，公共財の自発的供給理論を用いて地域コミュニティの活性化策を考えた。町内会に限らず，民間の非営利セク

ターについて経済学的な接近を図りたい場合には，非営利活動を包括的に分析した以下の文献にあたるとよいだろう。
- 山内　直人［1997］『ノンプロフィット・エコノミー：NPOとフィランソロピーの経済学』日本評論社

第11章では，新しい寄付税制として関心の高いふるさと納税制度の課題を中心にその在り方を考察してきたが，今後，寄付文化を日本で根付かせていくためには税制の役割は大きい。新たな税制を考える際には，寄付税制の国際比較を行っている以下の文献が参考になるだろう。
- 後藤和子著［2013］『クリエイティブ産業の経済学：契約，著作権，税制のインセンティブ設計』有斐閣

第12章では，地元自治体，企業および大学の3者が協働して地域活性化を目指す事例を紹介した。全国各地で似たような取り組みがなされている一方で，産学連携の成果をまとめたものはあまり多くない。そのような中で，以下の文献は，文系産学連携の実態およびその有効性を地域再生の観点から検証したものとして有用である。
- 吉田健太郎編著［2014］『地域再生と文系産学連携：ソーシャル・キャピタル形成に向けた実態と検証』同友館

また，以下の文献は著者が地域と大学を舞台にした26年にわたる経験をもとに，地域づくりの実践に必要な考え方や知識や手法をまとめたものである。
- 福島明美［2014］『未来を拓く地域づくり：楽しく実践する12のヒント』かもがわ出版

さらに，多様な主体による協働によって，地域ぐるみで行った地域資源を活かした商品開発を通し，地域の活性化の実現を目指した事例を学ぶには以下が参考になるであろう。
- 中小企業基盤整備機構編［2013］『地域の美味しいものづくり：農商工連携・6次産業化による商品開発，販路開拓とその支援』同友館

＊　　＊　　＊

第Ⅰ部から第Ⅲ部では，日本の経済社会が抱える問題を個別に切り分けて，それぞれに焦点を当てた上での政策の在り方を考えてきた。しかし，現実に

抱える問題は，簡単にひとつずつ切り分けられるものではなく，複数の問題が水面下で相互に絡み合っており，表面的な課題解決だけでは，根本的な解決とはならないかもしれない。

終章では，それらに内在する根本的な課題，また，それを解決するための方向性を「共感」をキイワードにして，大きな視点で捉え直している。また，本書で取り上げた市場経済の枠組みの中での公共政策を補完するために住民・市民が担う「新たな公共」の重要性も提示されている。

以下の書籍を参考にして，これからの公共政策の在り方を自分自身で考えてみる機会となれば幸いである。

- 奥野信宏［2006］『公共の役割は何か』岩波書店
- 奥野信宏［2008］『地域は「自立」できるか』岩波書店
- 奥野信宏・栗田卓也［2010］『新しい公共を担う人々』岩波書店

索　引

英　字

AK モデル ……………………… 38
BCP（事業継続計画，business continuity planning）……………… 201
EU ETS（EU 域内排出量取引制度）‥ 80
NPO 法 ………………………… 202
OECD リスト …………………… 72
PFI（プライベート・ファイナンス・イニシアティブ）…………… 47
PPP（官民連携）………………… 47
TPP（環太平洋パートナーシップ協定）
　　……………………………… 87

あ　行

足による投票 …………………… 160
新しい交流 ……………………… 99
新しい政治地理学 ……………… 118
新たな公 ………………………… 204
育児サービス …………………… 8
育児政策 ………………………… 13
移転価格 ………………………… 66
イノベーション・ハブ ………… 95
イノベーションの市場価値 …… 98
インフラファンド ……………… 58
応益原則 ………………………… 159
温室効果ガス …………………… 78

か　行

外部性 …………………………… 38
過剰分裂定理 …………………… 118
課税権 …………………………… 158
課税自主権 ……………………… 66
過疎化 …………………………… 111
価値循環 ………………………… 107
価値創造 …………………… 93, 107
価値連鎖 …………………… 104, 106
学校運営協議会制度 …………… 27
機会費用 ………………………… 6
企業一家 ………………………… 198
技術イノベーション力 ………… 93
技術進歩率 ……………………… 35
絆 ………………………………… 196
規制緩和 ………………………… 138
基礎的財政収支 ………………… 39
寄付金税額控除 ………………… 164
規模の経済 ……………………… 172
規模の利益 ……………………… 120
共感 ………………………… 190, 193
共感型市場経済 ………………… 192
供給主導型経済成長モデル …… 103
共助 ……………………………… 198
京都メカニズム ………………… 77
クリエイティブ産業 …………… 104
グローバル化 …………………… 88
経済成長論 ……………………… 10
結束型社会関係資本 …………… 99
公害問題 ………………………… 195
公共財の自発的供給理論 ……… 146
公共心 …………………………… 193
合計特殊出生率 ………………… 2
更新投資 ………………………… 55
厚生経済学の第一命題 ………… 128
公的教育 …………………… 19, 20
効率的な資源配分 ……………… 128
国債管理政策 …………………… 33
国際的租税回避 ………………… 65
国債の持続可能性 ……………… 43
国土形成計画 …………………… 204
国連気候変動枠組条約 ………… 77

子育て費用……………………………23
コミュニティ…………………………140
コミュニティ・スクール……………27
混合寡占市場…………………………133
コンテンツ産業………………………103

さ 行

財政・経済・人口の３つの持続可能性
　………………………………………33
財政健全化……………………………45
財政再建………………………………57
財政と経済の持続可能性……………31
サプライチェーン……………………104
サミュエルソン・ルール……………148
産学官連携……………………………173
産業クラスター形成…………………104
市場経済………………………………189
市場の原理……………………………194
市場の失敗……………………………190
自然災害………………………………59
自治会…………………………………140
自治会費等請求事件…………………145
「質と数」のトレードオフ…………23
私的教育…………………………19, 20
社会厚生関数…………………………53
社会サイド……………………………194
社会資本………………………………47
社会資本の最適配分…………………57
社会資本の正の生産性効果…………49
社会資本の老朽化……………………50
住民自治組織…………………………140
出生率……………………………………6
出生率の２極化…………………………4
需要主導型経済成長モデル…………103
純収益率均等化条件…………………54
情報開示………………………………71
消滅可能都市…………………………111
昭和の大合併…………………………112
所得効果…………………………………7

所得分配問題…………………………195
人口置換水準…………………………17
人口成長率……………………………35
人材競争力ランキング………………94
人的資本………………………………13
人的発展指標……………………………2
スティグマ……………………………129
政治学と経済学の境界………………78
税の申告漏れ…………………………65
税負担の公平性………………………65
世界競争力年鑑………………………93
世界人材競争指数……………………94
石油ショック…………………………191
世代重複モデル………………………18
選好異質性……………………………121
選別主義………………………………129
創造経済………………………………93
創造的人材……………………………108
創造都市…………………………93, 100
創造都市戦略…………………………101
創造都市ネットワーク………………102
ソーシャルビジネス…………………197
租税競争理論…………………………113
租税優遇措置…………………………67
ソローモデル…………………………33
損金算入………………………………69

た 行

第３の居場所…………………………202
大学競争力ランキング………………95
代替効果…………………………………7
対流……………………………………203
タックス・コンプライアンス………65
タックス・シェルター………………74
タックス・ヘイブン…………………66
多様性…………………………………99
多様な主体の参加……………………204
地域活性化……………………………171
地域コミュニティ税…………………152

地域ブランド化	171
小さな地域の優位性	113
地縁団体	140
知識創造	93
知識創造の源泉	99
知的労働者	93
地方交付税	161
地方分権	138
中位投票者定理	119
中小企業技術革新制度	96
町内会	140
賃金格差	7
導管	74
同感	192
統治力	68
都市のブランド力	108
トリガー戦略	150

な 行

内生的成長モデル	37
日本の競争力	93
ネットワークの外部性	132
農家の兼業	197
農業プラス観光	174
農工商連携	173

は 行

排出量取引	77
排他的なコミュニティ	99
橋渡し型社会関係資本	99
バブル崩壊	191
パリ協定	77
パレート最適	194
阪神・淡路大震災	202

人の繋がり	193
福祉国家	200
負担分任原則	159
普遍主義	129
フリーライダー	148
ふるさと納税	154
ふるさと納税ワンストップ特例制度	156
分離独立	120
平成の大合併	112
返礼品	154
返礼品競争	159
ボーンの法則	39

ま 行

マイノリティ	120
マネーロンダリング	66
未熟練労働者	93
道の駅事業	184
明治の大合併	111
メニューコスト	131

や 行

有効労働	34
ユニバーサル・サービス	130
ユニバーサル・デザイン	129
ユネスコ（国際連合教育科学文化機関）	102
ヨーロッパ統合	113

ら 行

労働参加率	6
6次産業化	173

■編著者紹介

奥野　信宏（おくの　のぶひろ）　　　　　　　　　　　　　　　　　　　　終　章
梅村学園学術顧問・常任理事
1945年生まれ。1969年京都大学大学院農学研究科修士課程修了後，京都大学経済研究所助手，名古屋大学経済学部講師，助教授，教授，同大学副学長等を経て，2004年中京大学総合政策学部教授，2007年梅村学園常任理事（現任），2015年より現職。専攻は公共経済学。

八木　匡（やぎ　ただし）　　　　　　　　　　　　　　　　　　　　　　　第7章
同志社大学経済学部教授
1959年生まれ。1987年名古屋大学大学院経済学研究科単位取得退学後，京都大学経済研究所助手，名古屋大学経済学部講師，助教授を経て，1998年同志社大学経済学部助教授，1999年より現職。専攻は公共経済学。

小川　光（おがわ　ひかる）　　　　　　　　　　　　　　　　　　　　　　第8章
東京大学大学院経済学研究科・公共政策大学院教授
1970年生まれ。1998年名古屋大学大学院経済学研究科修了後，日本学術振興会特別研究員，名古屋大学大学院経済学研究科講師，准教授，教授を経て，2015年より現職。専攻は公共経済学。

■執筆者一覧

焼田　党（やきた　あきら）　　　　　　　　　　　　　　　第1章
南山大学経済学部教授
1952年生まれ。1980年名古屋大学大学院経済学研究科博士課程単位取得退学。博士（経済学）。

大森　達也（おおもり　たつや）　　　　　　　　　　　　　第2章
中京大学学長補佐（教育担当），中京大学総合政策学部学部長
1968年生まれ。1998年名古屋大学大学院経済学研究科博士課程単位取得退学。博士（経済学）。

宮澤　和俊（みやざわ　かずとし）　　　　　　　　　　　　第3章
同志社大学経済学部教授
1962年生まれ。2000年名古屋大学大学院経済学研究科博士課程修了。博士（経済学）。

玉井　寿樹（たまい　としき）　　　　　　　　　　　　　　第4章
名古屋大学大学院経済学研究科准教授
1979年生まれ。2006年名古屋大学大学院経済学研究科博士課程修了。博士（経済学）。

森田　圭亮（もりた　けいすけ）　　　　　　　　　　　　　第5章
神奈川大学経済学部准教授
1976年生まれ。2005年名古屋大学大学院経済学研究科博士課程修了。博士（経済学）。

河原　伸哉（かわはら　しんや）　　　　　　　　　　　　　第6章
立正大学経済学部教授
1972年生まれ。2006年ブリティッシュ・コロンビア大学大学院経済学研究科博士課程修了。Ph.D.in Economics。

西森　晃（にしもり　あきら）　　　　　　　　　　　　　　第9章
南山大学経済学部准教授
1971年生まれ。2000年名古屋大学大学院経済学研究科博士課程修了。博士（経済学）。

川地　啓介（かわち　けいすけ）　　　　　　　　　　　　　第10章
三重大学人文学部准教授
1973年生まれ。2006年名古屋大学大学院経済学研究科博士課程修了。博士（経済学）。

水田　健一（みずた　けんいち）　　　　　　　　　　　　　第11章
名古屋学院大学経済学部教授
1950年生まれ。1979年名古屋大学大学院経済学研究科博士課程単位取得退学。

兼本　雅章（かねもと　まさあき）　　　　　　　　　　　　第12章
共愛学園前橋国際大学国際社会学部教授
1969年生まれ。1998年名古屋大学大学院経済学研究科博士課程単位取得退学。

公共経済学で日本を考える

2017年3月10日　第1版第1刷発行

編著者	奥　野　信　宏
	八　木　匡
	小　川　光
発行者	山　本　継
発行所	㈱中央経済社
発売元	㈱中央経済グループ パブリッシング

〒101-0051　東京都千代田区神田神保町1-31-2
電話　03 (3293) 3371 (編集代表)
　　　03 (3293) 3381 (営業代表)
http://www.chuokeizai.co.jp/
製版／三英グラフィック・アーツ㈱
印刷／三英印刷㈱
製本／㈱関川製本所

Ⓒ 2017
Printed in Japan

＊頁の「欠落」や「順序違い」などがありましたらお取り替えいたしますので発売元までご送付ください。（送料小社負担）

ISBN978-4-502-21081-5　C3033

JCOPY〈出版者著作権管理機構委託出版物〉本書を無断で複写複製（コピー）することは，著作権法上の例外を除き，禁じられています。本書をコピーされる場合は事前に出版者著作権管理機構（JCOPY）の許諾を受けてください。
JCOPY〈http://www.jcopy.or.jp　eメール：info@jcopy.or.jp　電話：03-3513-6969〉